もっと知りたい！

JN042241

東京ディズニーランド くわしすぎる大図鑑

WORLD BAZAAR
ワールドバザール

ADVENTURELAND
アドベンチャーランド

WESTERNLAND
ウエスタンランド

CRITTER COUNTRY
クリッターカントリー

FANTASYLAND
ファンタジーランド

TOONTOWN
トゥーンタウン

TOMORROWLAND
トゥモローランド

KODANSHA

CONTENTS

TOKYO DISNEYLAND MAP

クリッターカントリー

ファンタジーランド

トゥーンタウン

ウエスタンランド

アドベンチャーランド

ワールドバザール内

キャッスル・フォアコート

フードブース　フードブース

ワールドバザール

メインエントランス

トゥモローランド

★トゥモローランド・ホール

バスターミナル・ウエスト

駐車場

←JR舞浜駅方面

東京ディズニーランド・ステーション

東京ディズニーランドホテル

2023年5月31日現在の情報です。施設の運営状況については、東京ディズニーリゾート・オフィシャルウェブサイトをご確認ください。

107 トゥーンパーク
108 ドナルドのボート
109 ミニーの家
110 ロジャーラビットのカートゥーンスピン

キャラクターグリーティング
111 ミッキーの家とミート・ミッキー
112 ミニーのスタイルスタジオ

ショップ
113 ギャグファクトリー/ファイブ・アンド・ダイム
114 トゥーンタウン・デリバリー・カンパニー

レストラン
115 トゥーントーン・トリート
116 トゥーンポップ
117 ヒューイ・デューイ・ルーイのグッドタイム・カフェ
118 ポップ・ア・ロット・ポップコーン
119 ミッキーのトレーラー

トゥモローランド

アトラクション
120 スター・ツアーズ：ザ・アドベンチャーズ・コンティニュー
121 スティッチ・エンカウンター
122 スペース・マウンテン
123 バズ・ライトイヤーのアストロブラスター
124 ベイマックスのハッピーライド
125 モンスターズ・インク"ライド＆ゴーシーク!"

エンターテイメント
126 クラブマウスビート（ショーベース）

ショップ
127 コズミック・エンカウンター
128 スターゲイザーサプライ
129 トレジャーコメット

130 プラネットM
131 モンスターズ・インク・カンパニーストア

レストラン
132 ソフトランディング（2F）
133 トゥモローランド・テラス
134 パン・ギャラクティック・ピザ・ポート
135 ビッグポップ
136 プラズマ・レイズ・ダイナー
137 ポッピングポッド

パークワイド
A ドリーミング・アップ！（パレードルート）
A 東京ディズニーランド・エレクトリカルパレード・ドリームライツ（パレードルート）
■ ディズニー・ライト・ザ・ナイト

ゲストサービス
AED（自動体外式除細動器）
メインストリート・ハウス
イーストゲート・レセプション
チケットブース・イースト/チケットブース・ウエスト
ゲストリレーション・ウインドウ
パークインフォメーションボード
迷子センター
ベビーセンター/トゥーンタウン・ベビーセンター
ベビーカー＆車イス・レンタル
中央救護室
レストルーム
多機能レストルーム
多機能レストルーム（多目的シート設置）
コインロッカー　利用の際はコインロッカーキーの色とアルファベット表記を確認。（例）WI
ペットボトル飲料販売機
公衆電話
メールボックス
三井住友銀行
宅配センター
ハンドウォッシングエリア
フォトガーデン
ピクニックエリア
エレベーター
キャリッジハウス・リフレッシュメント
喫煙所

③

WORLD BAZAAR

活気あふれる20世紀初頭の アメリカの街並み

ワールドバザール

ゲストがまず訪れるところは、20世紀初頭のアメリカの街並みが広がる、ワールドバザールだ。華やかなヴィクトリア朝様式の建物が建ち並び、通りを照らす街灯はガス灯から電灯に変わり、馬車が自動車に、サイレント映画がトーキーに変わりはじめ、街じゅうの人々を夢中にさせた時代だ。ここは、ウォルト・ディズニーが少年時代を過ごした、アメリカ中部にあるミズーリ州マーセリンのようだ。にぎやかなショップとレストランが建ち並ぶ通りには、水道会社や法律事務所、旅行代理店やドレスメーカー、教養学校などがあり、ひとつの街を形成している。目線を上げてウインドウを見てみると、さまざまなサインに気づくはずだ。そこにはまた発見も！

WALTER E. DISNEY 「ウォルター・E・デ
ROY O. DISNEY 「ロイ・O・ディズニー」
MARCELINE ANIMATED FILM COMPANY

アニメーション制作会社。マーセリンは、ミズーリ州にあるウォルトとロイ兄弟が少年時代を過ごした街

Snap On Electric Co.

電気会社。"Snap on" は電気をつけること。下の窓には "1% INSPIRATION 99% PERSPIRATION" とある。これは "1％のひらめきと99％の努力" という発明家トーマス・エジソンの名言

SUPER STRUCTURES INC.

建設会社

W.B.WATER WORKS

配管トラブルを解決する水道会社

INSURANCE LIFE FIRE

生命保険と火災保険の会社

LAW OFFICES D.FENSE-O.FENSE PARTNERS
FENSE BROS. ATTORNEYS-AT-LAW

フェンス兄弟の法律事務所。ディフェンスとオフェンス、守り (defense) と攻め (offense) に強い事務所

MAYKEN OFFRE REAL ESTATE INVESTMENTS 「メイケン・オファー」
（不動産投資）

"Make an offer(交渉する)" に発音が似ている名前の不動産投資家

DETECTIVE AGENCY "We Never Sleep"

眠らない探偵事務所

BRANCHOFF & WILLOW TREE SURGEONS

木のお医者さん。"BRANCHOFF" という名前は、"枝を切る (Branch off)" を意味するジョーク

FOUR CORNERS TRAVEL AGENCY

世界を網羅する旅行代理店

Harrington's Finishing School

"フィニッシングスクール" とは、教養学校のこと

★ **Omnibus**
オムニバス

Diamonds Gems
宝石店

Miss Abigail Potter DRESSMAKER
ミス・アビゲイル・ポッターのドレスメーカー

パートナーズ

Office OF LEGENDARY CREATIONS
オリエンタルランド元社長の 高橋政知氏の名前が刻まれている

Visionary Management JIM CORA Proprietor
ジム・コーラ氏は、東京ディズニーランドの開 園に尽力したディズニー・レジェンドのひとり

FAMILY MORTGAGE TRUST
ファミリー住宅ローン会社

GLENDALE ACADEMY of the AIR
グレンデール飛行専門学校。グレンデールはディズニーのイ マジニアたちの本拠地。かつて滑走路が実際にあった

Penny Arcade
ペニーアーケード

MAIN STREET メインストリート

DR.SEER PREDICTIONS & PRESTIDIGITATIONS
"seer(予言者)" の名がついたシアー博士が、予言と手品を行っているようだ

GRAND ORDER OF THE GOLDEN BEAR FRATERNAL HALL
"ゴールデン・ベア" という名の集会所。その集会は 毎週木曜日に行われているようだ

THE CAT'S EYE GALLERY
本物の美術品を展示するギャラリー

Baron Tonn MUSIC ACADEMY
トン男爵のミュージックアカデミーのようだ

GRAPHIC ARTS STUDIO
グラフィックアートスタジオ

CENTER STREET センターストリート

T. Hook's Custom Corsettes
19世紀末まで流行ったコルセットの専門店。フック で留めているからか、オーナーの名はフック

Johnny Fedora HATMAKER
ディズニー映画『メイク・マイン・ミュージック』(1946 年) に登場したフェドラ帽のジョニーにちなんだ帽子屋

HOLLYWOOD PUBLISHING CO.
ハリウッド出版社

PLAYS SCREEN PLAYS SHEET MUSIC
ハリウッド出版社で 刊行している書籍、 演劇・映画・楽譜の 広告らしい

ALICE BLUEBONNET

帽子屋。アリス・ブルーボンネッ トは1946年のディズニー映画 『メイク・マイン・ミュージック』 に登場するフェドラ帽のジョニ ーの恋人。2つの帽子はウインド ウのなかで恋に落ちるのだが、ア リスが先に売れてしまう。店の向 かい側には恋人と同じ名前のジ ョニーの帽子屋がある

THE DOUBLE CHECK Co.
ダブルチェック・カンパニー。正確さに定 評がありそうな、名前の会計事務所だ。 "A PENNY SAVED IS A PENNY EARNED" とは、"1ペニー(アメリカの貨幣単位)の節 約は1ペニーをもうけたのと同じ" という 意味。アメリカ建国の父といわれる18世 紀の政治家、ベンジャミン・フランクリン の格言。窓の "B.FRANKLIN" はその証

WALTER E. DISNEY & ASSOCIATES
ウォルターはウォルトの本名。彼の仕事は信頼 できる仲間と夢を創造し、形にすること

OMNIBUS
オムニバス

Grand Circle Tour
Around Plaza
プラザ一周

Omnibus

オムニバス

20世紀初頭の乗り合いバスで夢と魔法の王国をめぐる

「オムニバス」とは、1920年代までニューヨークの五番街を走っていた2階建ての乗り合いバスのこと。東京ディズニーランドをゆったりと走る「オムニバス」のモデルは、1908年から1912年製のバスを8分の5サイズに縮小したもの。ホーンやメーターまわりのほか、ハンドルや車体の外装は当時のバスのデザインを想起させる。さらに、フェンダーやヘッドライト、テールランプも、綿密に再現され、当時の雰囲気を盛り上げている。2階建てバスによく見られた広告は、各テーマランドのアトラクションポスターやなつかしい写真となって、車内や外装をにぎやかに飾っている。カリフォルニアのディズニーランドにオムニバスを走らせようと強く提案したのは、ウォルト・ディズニーだったようだ。カリフォルニアのディズニーランドで人気を博した「オムニバス」は、東京ディズニーランドにも受けつがれ、40年変わることなくプラザを走行している。

Advertisement

広告 公共交通機関のバスに広告はつきもの。オムニバスの側面にはアトラクションのポスターが広告の代わりに貼られている。車内にはなつかしい昔のパークの写真が飾られている

Shade

シェード クラシカルな雰囲気をもたらす白とグリーンのストライプのシェードが2階の屋根となっている

Lower deck 1階

TOKYO DISNEYLAND TRANSPORT

Fender

フェンダー 泥や水はねから運転手などを守る車輪のおおいだが、当時のバスにも見られた装飾パーツ。アンティーク感が高まる

Rear oil lamp

リアオイルランプ 暗い夜道で後部を示すためのテールランプ。当時、エンジンで走る車によく見られたライトだ

Emblem

エンブレム ディズニーの「D」がデザインされたエンブレムが、ちょうど運転席あたりに。反対の助手席側にも同様に、エンブレムが入っている

TOKYO DISNEYLAND

Stair

階段 当時のデザインのように、バスへの乗車は後ろ側から。2階へは階段を使って上がる

In the car

車内 1階はフカフカのクッションシートで、座席は内向きになっている。2階はウッド調のベンチシート。先頭のみ進行方向を向き、そのほかは背中合わせで、外の景色を楽しめる座席になっている

オムニバスには1号車と2号車があるって知っている？

「オムニバス」は1台だけと思っているゲストはかなり多いのでは？　実は「オムニバス」は1号車と2号車の2台が活躍している。リアオイルランプの色で見分けることができる。これは後部にあるテールランプで、1号車はシルバー、2号車はゴールドになっている。また、プラザでパレード開催中は、シンデレラ城の前で「オムニバス」のフォトロケーションを実施。お城をバックに思い出の写真を撮ろう。

Destination

行き先表示

ワールドバザールを出発したオムニバスはアドベンチャーランド側からトゥモローランドを目指し、表示されているテーマランドのガイドをしながらプラザを一周

Windscreen

ウインドスクリーン

雨、風を遮る役割があることから、ウインドシールドガラスともよばれているフロントガラス。とくに、2枚式はアンティークカーによく見られる

Sideview mirror

サイドミラー

両サイドについているのは四角い大きな広角タイプ。ウインドスクリーンには丸形の補助ミラーがついている

Handle

ハンドル

Gear ギア

Brake lever

ブレーキレバー

←ハンドルやブレーキレバーはクラシカルなデザイン。メーターパネルには、左から電圧計、燃料計、走行距離計がついている。運転席のそばに座れたら、ぜひのぞいてみよう

Penny Arcade

ペニーアーケード

19世紀後半から20世紀初頭に流行ったゲームセンター

メインストリート沿いにあるきらびやかな電飾をともなった建物は、19世紀後半から20世紀初頭にかけて、アメリカで若者たちを中心に一大ブームを巻き起こしたゲームセンターの雰囲気が漂う。ペニー（1セントコイン）を投入するとゲームが作動することから、当時のゲームセンターは、「ペニーアーケード」とよばれていた。並んでいるのは、ピンボールゲームやベースボールゲーム、クレーンゲームや運勢占いなど。そのほとんどがアメリカのアンティークだ。手動式ながら、そのおもしろさは1世紀たったいまでも変わらない。2～3人で遊べる対戦型ゲームもある。アンティークゲームに並んで、スーベニアメダルが手に入るメダリオンメーカーも数台そろっている。これは、硬貨型の金属に絵柄を型押しする機械のことで、アメリカでは本物のペニーを投入するため、「ペニープレス」とよばれている。パークを訪れた記念に100円で作れるメダルを手に入れよう。

↑1937年の年代物。ピッチャーとバッターに分かれて対戦するゲーム

←2人で遊ぶ対戦型。それぞれハンドルを回し、ゴールを目指して自転車を走らせ競い合う

↓運勢占いのゲーム機。コインを入れると下から運勢を占ったカードが出てくる

館内に展示されている写真はコニーアイランドの遊園地

コニーアイランドは20世紀初頭にアメリカの子どもたちを夢中にさせた一大観光地のこと。ニューヨーク市ブルックリンにあり、ルナパークなど3つの遊園地が作られ、ジェットコースターや観覧車、パラシュートジャンプなどが人気をよんでいた。その当時の貴重な写真が「ペニーアーケード」内に飾られている。

グランドエンポーリアム

ハートウォーミングな物語あふれる「グランドエンポーリアム」のウインドウディスプレイ

パークの街角に溶けこむように飾られた、ショップのウインドウディスプレイ。実は、そのひとつひとつに物語が展開されている。足を止めてちょっとのぞいてみてほしい。そこにはミッキーやミニー、ドナルドたちの、心温まる物語があふれている。

「グランドエンポーリアム」のオープンに向けて準備をする

➡ミッキーとミニーが品出しをしているウインドウには「グランドエンポーリアム」オープン準備をする様子が描かれている。衣類を扱うフロアでミッキーとミニー、プルートがディスプレイの真っ最中。ミッキーがトルソにジャケットを飾り、ミニーが花飾りのついた帽子をミッキーに手渡している

大きなつばにきれいな花をあしらったヴィクトリア朝様式の帽子をミッキーに手渡すミニー。作業は急ピッチで進んでいる

ヴィクトリア朝様式のジャケットやシャツ、ハンガーやストックルームのラベルは、当時の資料をもとに作られているようだ

このウインドウには、ジャケットや帽子、ネクタイやバッグなど、ファッションアイテムがたくさん並んでいるようだ

プルートはミッキーとミニーを応援するように、身を乗り出してお手伝いする気満々

プレートにある "How it all began… Friends helping each other." は、「友だち同士が助け合うことから、すべては始まった」という意味

⬅ミッキーが最初の雑貨店をオープンしたときの記念写真。「エンポーリアム」は「グランドエンポーリアム」の前のショップ

⬆みんなで開店準備中。ミッキーは壁紙を貼り、グーフィーは木材を切り、ドナルドは電球を取りつけているようだ

⬅ミッキーやミニーたちはプレゼントを持ち寄ってスクルージおじさんと一緒にクリスマスを楽しく過ごしているようだ

➡「ワールドバザール・デイリーニュース」で大々的に報じられた「グランドエンポーリアム」のオープン

一生懸命なミッキーたちの働きぶりが見られる

名誉あるシビックアワードやデザイン賞を受賞したミッキー。市長から贈られた賞状や写真、トロフィーが飾られている

新商品のデザインを考案中のミッキー。足元のゴミ箱には没にしたものがいっぱい。たまに、コーヒーブレイクをとりに離席するときがある

⬅ここは新商品を作る作業場のようだ。ミッキーは机に座って、商品のデザインを考案中。後ろにはたくさんのデザイン画が貼られている。ミニーは製作担当。ミッキーのデザインをもとに、サンプルを作っている。ミッキーは「ON COFFEE BREAK」とメモを残して、席を外すこともあるらしい。

好奇心旺盛なプルートは、テーブルの上に乗り出して、ミニーの作業をじっと見つめている。なにかお手伝いしたい様子

ミニーは試作品に夢中。作っているのはヴィクトリア朝様式のハンドバッグ。美しいレースを取りつけているようだ

「グランドエンポーリアム」は、東京ディズニーランドで豊富な品ぞろえを誇るパーク最大の百貨店。もともと「エンポーリアム」という名前の小さな雑貨店だったが、人気が高まるにつれて売り場を拡張する必要が出てきた。オーナーのミッキーは仲間たちの協力により、「グランドエンポーリアム」にリニューアルすることを決心した。ウインドウディスプレイをよく見ると、セピアカラーでオープン前の様子を、カラーでオープン後の仕事ぶりを紹介しているようだ。

Window Display

➡グーフィーとドナルド、デイジーが作業をしているのは、ストックルームのようだ。納品されたばかりの商品をグーフィーとドナルドが検品中。忙しく働くうち、まさかのハプニングが発生!? グーフィーが荷物を持ち上げるとき、背後にある荷物がくずれそうに。デイジーが安全第一のプレートを持っているなかでの出来事だ

異変を感じたドナルド。山と積まれた商品が、グーフィーに押されてくずれそうになっている。ドナルドは大丈夫か?

デイジーが持っているのは「SAFETY FIRST（安全第一）」と書かれたプレート。ちょっとおそかったかも……!?

グーフィーが仕事に集中しすぎて、まわりを確認せずに荷物を持ち上げてしまったことで、後ろの荷物が……

プレートには "Our hard working staff never falls behind." 「我ら勤勉なスタッフは、決して作業をおくらせることはない」と書かれている

⬆お店で商品が売れて、最初の売り上げになった1ドル札が記念に飾られている。発行はワールドバザール銀行

➡「エンポーリアム」だったころにミッキーとミニーが使っていた初代のレジスターも大切に展示

⬅下のスコアカードからは「ミッキーズ・キングピン」のボウリングチームが激戦をくり広げたことが想像できる
➡ミッキー率いる野球チーム「ミッキーズ・グランドスラマーズ」の額入り写真

衣装を作るミニーの仕立て屋さん

➡ここはミニーが特注の衣装を製作するコスチュームショップのようだ。なかをのぞいてみると、製作真っ最中のアリエルとティンカーベルの衣装を発見。壁にはベルやフック船長など、ミニーに衣装を注文したたくさんのディズニーキャラクターからの、お礼のメッセージが写真つきで飾られている

ティンカーベルの注文書が壁に。内容は薄手のスカートつきイブニングドレスとある。薄くて軽く風通しがいいものを指定している

ビーズがふんだんに使われた華やかなドレスはアリエルからのオーダー。海底でも問題なく着られるコンサート用に発注したようだ

壁には、これまで衣装を仕立ててもらった、ディズニーのスターから届いた感謝のメッセージが写真つきで飾られている

テーブルの上にはミシンやミッキーシェイプの針山が。その横のトルソーに、ティンカーベルのサイズに製作中の衣装がある

ADVENTURELAND

アフリカ、ポリネシア、カリブ海……
さまざまな文化が織りなす自然豊かな冒険の世界

アドベンチャーランド

カラフルなニューオーリンズ風の建物が並び、軽快なジャズの音色が流れる道はロイヤルストリート。美術品や工芸品、色とりどりのアパレルなどがそろい、冒険心をくすぐる世界中のさまざまな土地からインスピレーションを得て作られたショップもある。ポリネシア諸島や東南アジアで見られる草ぶき屋根の塔が現れ、聞こえてくる太鼓の音が、ゲストをエキゾチックな世界へと導いてくれる。ウォルト・ディズニーがカリフォルニアのディズニーランドにアドベンチャーランドを作る際、映画の美術監督を起用し、文化の異なる国々の建物を違和感なく融合させ、ディズニーならではの冒険の世界を作り上げた。それは、東京ディズニーランドにも生かされ、訪れるゲストに驚きと発見に満ちた冒険の世界を見せてくれる。

Anaconda and Schweitzer Falls
アナコンダとシュバイツァーの滝

The Enchanted Tiki Room: Stitch Presents "Aloha E Komo Mai!"
魅惑のチキルーム：スティッチ・プレゼンツ "アロハ・エ・コモ・マイ！"

Hippo Pool
カバのプール

The Lost Temple
伝説の神殿

Western River Railroad
ウエスタンリバー鉄道

Trapped Safari
追いつめられた探険隊

Jungle Cruise: Wildlife Expeditions
ジャングルクルーズ：ワイルドライフ・エクスペディション

African Veldt
アフリカ大草原

Elephant Pool
ゾウの水浴び場

Gorilla Tent
ゴリラのテント

Rain Forest
雨の森

SAFARI TRADING COMPANY

「ジャングルクルーズ」は、かつてサファリ・トレーディング・カンパニーが交易のために立ち上げた事業。入り口の横にある壁には、その会社のショップが以前、あったことを示す名残が……

CORAL LANDING MERCANTILE

かつて地元の人々によって、さまざまな品物の売買などの取り引きが行われた倉庫。いまはダイニングエリアとして使われている

TALKING DRUM

トーキングドラムは、音を出す木製の太鼓。数分おきに太鼓が鳴る

PAGODA

パゴダとは、ポリネシア諸島や東南アジアで見られる、何層もの屋根を持つ塔のこと。このパゴダの高さは約19m

TYPHOON SALOON

かつて襲った凄まじい台風に耐え、無事残存したことから名づけられた

ADVENTURELAND BRIDGE

アドベンチャーランド・ブリッジは冒険への入り口。ゲートではチキの神様のお面、太陽を手なずけた神「マウイ」や火と火山の女神「ペレ」、雨の女神「ヒナ・クルウア」がお出迎え

Swiss Family Treehouse

スイスファミリー・ツリーハウス

● 海上ブイ　　● 船着き場

CORAL LANDING LIGHTHOUSE

上部に回転灯がついた灯台があるダイニングエリア。ここも難破船の廃材が利用されている

Pirates of the Caribbean

カリブの海賊

ROYAL STREET

ここは、ルイジアナ州ニューオーリンズにある目抜き通りをイメージしたロイヤルストリート。かつてこのエリアは、フランスとスペインの植民地だったことからクレオール文化が発展。通りにはディキシーランドジャズの音楽が流れ、鉄製の美しいレース模様のバルコニーなどに、その雰囲気が感じられる

20,000 LEAKS

難破船の廃材を使って建てたレストラン「ボイラールーム・バイツ」。2階に見える「20,000 LEAKS」で思い浮かぶのが、海底2万マイルの『20,000 Leagues Under the Sea』。この20,000 LEAKSが意味するのは2万ヵ所の水もれ。これは廃材になってもしかたがない?

Jungle Cruise: Wildlife Expeditions

ジャングルクルーズ：
ワイルドライフ・エクスペディション

ゆかいな船長と秘境をめぐる スリル満点のリバークルーズ

　時は20世紀前期。「ジャングルクルーズ」は、ボートに乗って、秘境を冒険するアトラクションだ。案内してくれるのは、「ジャングルクルーズ・カンパニー」で働く底抜けに明るい船長（スキッパー）たち。ゴキゲンなトークでゲストの気分を盛り上げてくれる頼りになる連中だ。ボートに乗って出航すると、ゲストが向かう先はゾウやワニ、ゴリラやライオンなど、さまざまな野生動物たちが生息するジャングルの奥地。途中で、霧におおわれた川で突然カバの襲撃にあったり、先住民が住む危険地帯に侵入したり、伝説の神殿があると噂されるエリアに迷いこんだり、ハラハラドキドキの連続。さらに興奮と感動を味わいたければ、スリリングな雰囲気に包まれるナイトクルーズにチャレンジしよう。イルミネーションや音響効果で、臨場感のあるジャングルツアーを体験できる。「ジャングルクルーズ」でのオリジナルBGMの導入は、東京ディズニーランドが世界初の試みだ。

興味深いものがたくさん並ぶ入り口のデスク周辺

　ポスターが貼られているこの場所は、船長たちがボートに乗っていないときの仕事場のようだ。無線でクルーに連絡をとったり、日誌をつけたり、乗客の荷物を管理したりしているようだ。デスクにあるフルーツは、ジャングルで採れた、だれかの差し入れかな？

出航している船長と緊急時に連絡をとるための無線機がある。かなり年季が入ったシロモノだ

未知なる川を渡り、失われた文明を旅するジャングル探険のポスターが、壁に飾られている

網がかけられているのは乗客の荷物？　ジャングルの奥地へ運ぶ積み荷もあるようだ

デスクの上には連絡事項が書かれた業務日誌がある。開かれたページを読むと、船長たちがとってもゆかいな仲間たちだということがわかる内容が書かれている。列に並んでいるときにのぞいてみて。

ボート名が書かれたタグがデスクの下に。のせる荷物を選別するのに使うらしい

ここでは冒険の思い出に、イスに座って船長気分で写真を撮るのも可能

ジャングルでの禁止事項!?はコレ！

　ジャングルを探険するときは、ジャングルならではのルールがあるので要注意!?乗り場までの間の柱に掲示されているのでチェックしてね！

この川で泳がないこと

カバに歯磨きをしないこと

生き物を捕まえないこと

猛獣にエサを与えないこと

乗船中は席を立たないこと

↑民芸品が通路に飾られている。先住民と船長たちの友情の証なのかもしれない？

黒板には船長たちの、ジャングルならではのランチメニューが曜日ごとに掲示されている。クワガタ、ナメクジ、ニシキヘビといった単語が……。金曜日はチキン（本物）とある。一体、彼らは金曜日以外、どんなランチメニューを食べているのか気になってくる

スキッパーズ・ラウンジと書かれた船長たちの休憩室がある

入り口の左後ろに船長たちの休憩するスペースがある。壁には船長たちのランチメニューが書かれた黒板や、冒険ツアーに必要な地図が貼られている。チェスボードがあるところを見ると、仲間で楽しんでいるようだ。ランプの後ろにはミッキーの雑誌も……。

船長たちは休憩中にチェスを楽しんでいるようだ。コマの形はカバやゾウ、サイなどのジャングルの動物。そのなかに解説不可能な動物らしきコマがある。行ったら見てみよう

ランプと壁の間にコミック誌を発見！　その後ろの雑誌には気になるスクープの見出しが……!?

"フレンズ・オブ・ザ・ジャングル"と書かれた掲示板に注目！

事務所の後ろの壁にチェックしたい掲示板がある。ジャングルクルーズを体験した乗客から届いたたくさんの手紙や電報、写真や子どもたちが出会った動物たちの絵などが掲示されている。並んでいるときに読んでみて。忘れ物もあるようだ。

番組は船着き場にある船長たちの放送室から

船着き場へ向かう途中に放送室がある。ドック内に流れているラジオ番組を船長たちが放送している。「ジャングルの雰囲気にどっぷりつかるのにピッタリの歌をお届けします。その名も、『ホールド・ザット・タイガー・ウー！〜そのトラを抱きしめて・ウー！』」などと放送している。

ツアー客からジャングルクルーズ・カンパニーへ送られてきた賛辞の手紙やハガキがたくさん掲示されている

「LOST＆FOUND」は落とし物の意味。懐中時計や望遠鏡、首飾りやメガネがある。おや、このメガネ、左側にある電報の送り主がかけているメガネに似ているかもしれない

ボートの名前は世界の川と女性の名前の組み合わせ

ゲストが乗るボートは全部で13艘。それぞれの船名には、世界の川と女性の名前が組み合わされている。船乗りにとって、愛する女性の名前を船につけるのは、昔からの安全のおまじないのようだ。

1	Amazon Annie	アマゾン・アニー	アマゾン川は、ブラジル周辺の熱帯雨林を流れる世界最大の川
2	Congo Connie	コンゴ・コニー	コンゴ川は、コンゴ盆地を流れる全長約4700kmの川
3	Ganges Gertie	ガンジス・ガーティー	ガンジス川は、全長約2510km。インド北東部を流れる川
4	Irrawaddy Irma	イラワジ・イルマ	イラワジ川は、全長約2090km。ミャンマー中央を流れる川
5	Kwango Kate	クワンゴ・ケイト	クワンゴ川は、アンゴラとコンゴ民主共和国国境を流れる川
6	Nile Nellie	ナイル・ネリー	ナイル川は、全長約6695km。世界最長の川
7	Orinoco Ida	オリノコ・アイダ	オリノコ川は、南アメリカ大陸で第三の大河。ベネズエラ・ボリバル南西部のパリマ山脈を水源として最後は大西洋に注ぐ
8	Rutshuru Ruby	ルチュル・ルビー	ルチュル川は、コンゴ民主共和国北部キブ州を流れる川
9	Sankuru Sadie	サンクル・サディ	サンクル川は、コンゴ川の支流のカサイ川の支流
10	Senegal Sal	セネガル・サル	セネガル川は、アフリカ大陸西部を流れる川
11	Volta Val	ボルタ・バル	ボルタ川は、アフリカ大陸西部を流れる全長約1600kmの川。ボートの屋根が唯一赤と白のストライプ模様
12	Wamba Wanda	ワンバ・ワンダ	ワンバ川は、コンゴ民主共和国赤道州を流れる川
13	Zambezi Zelda	ザンベジ・ゼルダ	ザンベジ川は、アフリカ大陸南部からインド洋に注ぐ川

無数の蝶が群がる熱帯雨林

Rain Forest
雨の森

ドックを出発すると、ボートは緑におおわれた霧のトンネルへと進んでいく。ここは通称"雨の森"とよばれる熱帯雨林。水が川へと流れ落ちる岩場には、青く輝く世界一美しいといわれる蝶が群がる。ナイトツアーでは、"雨の森"はホタルの光に包まれる。

岩場で青い大きな羽を広げているのは、世界最大級の蝶、モルフォ蝶。群れになってとまっている

↓ボートは一年中霧雨が降り注ぐ"雨の森"に突入する。ここは珍しい動植物の宝庫

大きなクチバシの鮮やかな鳥はトゥーカン。頭に冠があるサイチョウもいるはずだ

↑ジャングルの茂みから突然現れたアフリカゾウ。大きな耳を広げて登場する

細くて長い脚と極端に伸びた首を巧みに使って葉を食べるキリン。ライオンには気づいていないよう

ここは弱肉強食の世界

African Veldt
アフリカ大草原

アフリカゾウの歓迎を受けて、アフリカの雄大な自然が広がる大草原、サバンナへ入る。目の前に迫る動物の世界を盛り上げるのは、ディズニー映画『ライオン・キング』の名曲「サークル・オブ・ライフ」のBGM。ナイトツアーはよりリアルに感じられる。

ゴリラに占領されたキャンプ

Gorilla Tent
ゴリラのテント

探険隊のキャンプに現れたのは、ゴリラの一群。好奇心旺盛なゴリラたちは荷物を荒らし、車をひっくり返すなどやりたい放題。探険家の帽子をかぶって鏡を見るおちゃめなゴリラもいる。ここにテントを張った探険隊の一行は、一体どこへ行ったのだろう？

轟音を立てて流れ落ちる

Anaconda and Schweitzer Falls
アナコンダとシュバイツァーの滝

大きな音を立てて流れ落ちる滝。アフリカで活躍し、ノーベル平和賞を受賞した医師アルバート・シュバイツァーの名前がつけられている。大きな枝から身を垂らしているのは、巨大なアナコンダ。からまれたら大変だ！

木の上で鈴なりに

Trapped Safari
追いつめられた探険隊

凶暴なサイに追いつめられて木によじ登る5人の探険隊の姿が見える。ゴリラに占領されたキャンプも彼らのものだったのかも？無事に逃げられることをボートから祈ろう。

巨大なサイが木に追いつめているのは……。その様子をハイエナとシマウマが眺めている

オスは細長くカーブした角を持つインパラ。見通しのいいサバンナで群れを作って暮らしている

ライオンが仕留めたシマウマのおこぼれを、ハゲタカが木や岩山の上から狙っている

岩の上にいるのは百獣の王ライオン。食事中の親の尻尾で2頭の子ライオンが遊んでいる

ヌーはエサの草を求めて、数百万頭の群れでサバンナを大移動する特性を持つ

仲間をライオンにとられたシマウマの群れ。白と黒の模様は草原では保護色になる

→対岸の岩の上からヒヒの群れが興味津津で見つめているのは弱肉強食のシーン

川底から現れる黒い影

Hippo Pool
カバのプール

　緑が生い茂るジャングルは、いつ何が襲ってくるかわからない危険地帯。霧に包まれた川底から突然現れたのは、大口を開けたカバの群れ。ボートのエンジン音に驚いたのか、カバは川の中へ。やがて太鼓の音が聞こえてくる。

入り江で子ゾウも楽しそうに遊んでいる。浮いているのは、巨大な睡蓮の葉や花

もしかして、ここが噂の……

The Lost Temple
伝説の神殿

　ジャングルのどこかに存在すると言い伝えられる謎に包まれた"伝説の神殿"。目の前に現れたこの神秘的な建物は、もしかして……。

珍しい植物が浮かぶ水辺

Elephant Pool
ゾウの水浴び場

　神殿を抜けると、アップテンポな音楽が聞こえてくる。そこはアジアゾウが水浴びをする楽園。長い鼻を使って上手に水浴びをしている。岩の上に座りこんで滝のシャワーを浴びているのがボスのように見える。

↑水が流れ落ちる岩山。大小の岩の形はまるでゾウが何頭もいるようにも見える

↑巨大なワニは、ゾウの親子を狙っているのか？

Western River Railroad

ウエスタンリバー鉄道

蒸気の力で荒野を駆け抜けた19世紀の蒸気機関車を復元!!

19世紀後半、開拓者や冒険家の夢とロマンを乗せて、広大な土地を西へと走ったアメリカ大陸横断鉄道。走りはじめた当時、蒸気を勢いよく噴き出しながら走る様子を見たネイティブ・アメリカンが、"アイアンホース（鉄の馬）"とさけんだほど驚異的だった。「ウエスタンリバー鉄道」はアドベンチャーランドにある駅舎を出発し、ジャングルを抜けて、ウエスタンランド、クリッターカントリーを通り、恐竜が生息する太古の世界を駆け抜ける。

幼いころから鉄道の大ファンだったウォルト・ディズニーが、「キャロルウッド・パシフィック鉄道」と名づけたミニチュアの蒸気機関車を作り、自宅の庭に線路を敷いて走らせていたことは有名な話。これが「ウエスタンリバー鉄道」の原点。その熱い思いを胸に、蒸気機関車に乗って、冒険の旅へ出かけよう。

蒸気機関車は、まぎれもなく本物！
機関士が動かす機関車の魅力を大解剖!!

ゲストを乗せて運行するのは4車両の蒸気機関車。モデルになったのは1871年型の蒸気機関車 "モンテスマ号"。アメリカの西部を走るデンバー＆リオ・グランデ鉄道用に、世界最大の機関車メーカー、ボールドウィン・ロコモーティブ・ワークス社で作られた。パークを走る車両はその8分の5サイズに縮小された30インチゲージのオリジナルデザインになっている。

Steam Locomotive File
蒸気機関車ファイル

客車
3両編成で一度に140名のゲストを収容。ゆるやかなアーチを描いた屋根の両端には日よけが取りつけられている

25 RIO GRANDE リオ・グランデ号
車体のメインカラーは赤とオレンジ。車名はコロラド州からメキシコ湾まで3030kmを流れるリオ・グランデ川に由来。スペイン語で "大きな川" という意味だ。ヘッドライトのおおいに描かれているシンボルはグリズリーベア。炭水車に "WESTERN RIVER RAILROAD" の文字がデザインされている。

車輪
「ウエスタンリバー鉄道」の車輪の配置は、「2-4-0（ツー・フォー・ゼロ）」。先輪が左右2つで、動輪は4つ、従輪はゼロを示す

28 MISSOURI ミズーリ号

車体は緑色で、カウキャッチャーの色は赤。車名はアメリカ中部を流れるミシシッピ川最長の支流であるミズーリ川に由来。モンタナ州ロッキー山脈からはじまりミシシッピ川に合流する3970kmの川で、ヘッドライトのおおいには滝の絵。滝を利用した水力発電所の建設が進み、町に多くの発展をもたらした。

53 COLORADO コロラド号

車体は赤とえんじ色。車名はアメリカ西部を流れる川のなかでもとくに古く、コロラド州ロッキー山脈からカリフォルニア湾まで2320kmを流れるコロラド川に由来。コロラド川の浸食により形成された大峡谷グランドキャニオンは有名。周辺にシカが生息することからヘッドライトのおおいには雄ジカの絵が描かれている。

20 MISSISSIPPI ミシシッピ号

ほかの3台は東京ディズニーランドが開園した1983年より運行しているが、ミシシッピ号だけは1991年から運行を開始。炭水車の側面には、バッファローが描かれている。車名は北米大陸最大の川、全長3780kmのミシシッピ川に由来。車体は青と赤。車両はリニューアルされているのでチェックしよう。

炭水車
ボイラーで使用する水を搭載する車両。乗降する間に給水塔から水を入れるので、その様子が見えることもある

コンプレッサー
ブレーキ用の圧縮空気を作る。11〜11.7気圧まで上げた蒸気の温度は、なんと170℃近くまで上がる。機関士席の反対側にある

サンドドーム
別名「砂箱」ともよばれる。ブレーキがきかなくなったときやレールがぬれていて滑りやすいときに、線路にまく砂が蓄えられている

煙突
アメリカ西部を走る蒸気機関車に多く見られたダイヤモンドスタック形を採用。周辺に火の粉が飛び散らないように工夫された煙突だ

ベルの汽笛

ヘッドライト
アメリカ大陸を横断する蒸気機関車には鯨油を使ったライトが多く使われていた。おおいにはグリズリーベアの絵が

煙室
火室（燃焼室）から煙管を通って流れてきた煙を集め、煙突へと導く場所

カウキャッチャー
直訳すると牛よけ板。先頭車両の前面下部に取りつけられた柵で、西部開拓時代、線路上にある障害物や動物などを取り除くためにつけられた

機関助士
給水作業に当たるにはボイラー技士2級の免許が必要。プロフェッショナルなエンジニアの活躍で機関車は走る

機関室と機関士
機関士と機関助士が乗るところ。免許を持つベテランの機関士が安全確認をしながら操縦する。時折、手をふる姿が見える

スチームドーム（蒸気溜め）
ボイラーの上に位置し、発生した蒸気が集められるタンクのこと。その蒸気はシリンダーへと送られる

シリンダーとピストン
燃料を燃やし水を温めて作られた高温高圧の蒸気の圧力が、シリンダー内のピストンを動かし、その力が動輪に伝わり列車が動く

冒険のはじまりはノスタルジックな駅舎から

Station
駅舎

電報局
デスクの上には電報の送受信に使われるいろいろな機械が置かれているようだ

乗車券売り場
窓口には乗車券を切るパンチや職員用の連絡ノート、場内アナウンスのマイクなどがある

到着時のお知らせ
Your attention, please. The Western River Railroad is now arriving at the station. Passengers, please stand by to board.

「ご案内いたします。まもなく、ウエスタンリバー鉄道が到着いたします。どなた様も、お早めにお支度くださいませ。」

荷物置き場
乗客の荷物だろうか？オフィスの横には大きなトランクやケースが置かれている

時計台の階段を2階へ上がると、階段の右手に乗客の荷物が積み上げられている。プラットホームにあるオフィスは、売店であり、乗車券を販売する窓口であり、"Telegraph Office"のサインが表す電報局。ここは19世紀末から20世紀初頭の建築物を思わせる駅舎。薄ぼんやりとしたオフィスの奥に見えるカレンダーは、1949年6月のものだ。

売店
オフィスのなかには、缶詰や薬びん、書籍や先住民の民芸品などさまざまな日用品が並ぶ

乗車時のお知らせ
Your attention, please. The Western River Railroad is now boarding passengers for a scenic journey through tropical jungles and the great American west. All aboard!

「ご案内いたします。ウエスタンリバー鉄道は、熱帯のジャングル、開拓時代のアメリカ西部を巡る旅に、まもなく出発いたします。どなた様も、お乗り遅れのございませんようお願いいたします。」

出発時のお知らせ
Your attention, please. This is the last call for the Western River Railroad. Last call! Board!

「乗客のみなさまに最終のご案内を申し上げます。ウエスタンリバー鉄道は、まもなく出発いたします。どなた様も、お急ぎご乗車をお願いいたします。」

小さい駅舎がスティルウォーター・ジャンクション。乗車券売り場や電報局がある

スティルウォーター・ジャンクションは蒸気機関車の水の補給基地としても重要な駅。駅舎の先には、水をくみ上げるための風車が回り、給水塔が立っている

ジャングルを抜けると開拓者の乗換駅が見えてきた

Stillwater Junction
スティルウォーター・ジャンクション

駅の名前は「スティルウォーター・ジャンクション」。ここは一攫千金を夢見て、フロンティアを目指した開拓者たちが列車やボート、幌馬車・駅馬車へと乗り換えたという夢の分岐点だ。歴史上鉄道が開通する1860年まで、ミズーリ州はアメリカにとって西の果てだった。大陸を横切る鉄道の開通で、大勢の開拓者たちは西部の新天地へと向かうことができたのだ。この小さな駅は開拓者にとって、希望に満ちた西部への入り口といってもいいだろう。

↑生い茂った密林を切り開くように走る蒸気機関車。時速約12kmでゆっくりと時代をさかのぼっていく

↓引きこみ線前の納屋のまわりには、荷物を運ぶための木箱や手押し車が置かれたままになっている

駅舎を出発すると、蒸気機関車は時の境界線をさかのぼる

機関車は、アドベンチャーランドにある時計がある駅舎を出発し、蒸気を噴きながら木々が生い茂ったジャングルを抜ける。ネイティブ・アメリカンの村を通り、アメリカ河沿いを走りながら西部開拓時代の町や、クリッターカントリー、恐竜たちが支配していた太古の世界へと突入する。

やがて機関車はスピードを上げてネイティブ・アメリカンの村へ入る

Native American Village
ネイティブ・アメリカンの村

蒸気機関車の音に驚いて、ふり向く大ジカが見える。野生動物はあちらこちらの茂みから顔をのぞかせる

小さな駅を通り過ぎてしばらく走ると、木々の間にネイティブ・アメリカンの村が見えてくる。彼らはバッファローの革を使った「ティーピー」とよばれる持ち運びに便利な組み立て式のテントを住居に生活している。景色が変わるとムースの群れや岩陰からプレーリードッグが顔をのぞかせる。機関車はアメリカの大草原を走り、新天地を目指す。

雄大なアメリカ河沿いはいまなお続く鉱山

Big Thunder Mining Company
ビッグサンダー・マイニングカンパニー

豊かな水をたたえるアメリカ河が見えてきた。このあたりは大勢の開拓者でにぎわった西部の町。ゴツゴツとした赤土の山はかつて金塊が見つかって繁栄したビッグサンダー・マイニングカンパニー。鉱夫の作業道具が置き去りになり、むき出しになった恐竜の骨の横で間欠泉が空高く噴き出している。線路を挟んで反対側にあるのは「ダスティベンド・デポ」とよばれる西部開拓時代の駅舎。いまは機関車が停まることはない。

ダスティベンド・デポは機関車が停まることのない通過駅だ

→開拓時代は、高架下の柱に、大木の幹がそのまま使われることもあった

↓クリッターカントリーは、車窓にアメリカ河が広がるビューポイントのひとつ

ウエスタンリバー鉄道

時空を駆け抜ける蒸気機関車
旅のクライマックスは恐竜の世界

高架線の下は恐竜の化石が発見されたという「ビッグサンダー・マウンテン」の山中。鉱夫たちの物資や道具が置かれ、絶滅したトリケラトプスの化石が見つかる。洞窟の先は太古の世界。シギラリアやカラミテスなどが生い茂る森にトンボに似た昆虫が飛んでいるのは石炭紀・ペルム紀の地球。ジュラ紀に入ると地球最大級の脊椎動物のブロントサウルスが現れ、白亜紀には身を守るために進化を遂げた恐竜が出現。ここは人類誕生以前の恐竜の世界だ。

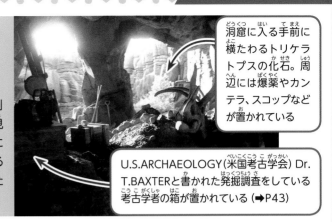

洞窟に入る手前に横たわるトリケラトプスの化石。周辺には爆薬やカンテラ、スコップなどが置かれている

U.S.ARCHAEOLOGY（米国考古学会）Dr. T.BAXTERと書かれた発掘調査をしている考古学者の箱が置かれている（➡P43）

は虫類が登場した石炭紀・ペルム紀

Carboniferous/ Permian Period
石炭紀・ペルム紀

見えるだろうか？　真っ暗闇の森林のなかに、巨大なヘビのようなものが植物の上をゆっくりと動き、トンボに似た巨大な昆虫が木の幹にとまっている。巨大なカタツムリのようなものも見ることができる。シギラリアやカラミテスなどはこの時代に繁殖した植物。

全長約22m、体重約30ｔと推定されるブロントサウルス（学名：アパトサウルス）が、優雅に水草を食べている

ブロントサウルスがのぞきこんでいる先には、エダフォサウルスがいる。全長約3mあり、太い尻尾と大きな帆を持つ単弓類の一種

恐竜が繁栄したジュラ紀

Jurassic Period
ジュラ紀

ここはジュラ紀の地球。沼地で水草を食べているのはブロントサウルス。地球はじまって以来、陸上で最大級の脊椎動物だ。日本では「カミナリ竜」というネーミングがつけられているが、草食で、いたっておとなしい性格だったよう。

恐竜が繁栄から絶滅へと向かう白亜紀

Cretaceous Period
白亜紀

トリケラトプスが代表格だ。草食恐竜は肉食恐竜から身を守るため、頭に大きな骨質のエリ飾りと3本の角を備えた。ちょうど卵からかえったばかりの赤ちゃんが、殻から身を乗り出そうとしている。

トリケラトプスは全長約9m、体重約9ｔ。世界最大級の角竜で、草食恐竜

恐竜時代の終わり

噴火する火山のもとで死闘をくり広げているのは、凶暴な肉食恐竜のアロサウルスと気性のおだやかなステゴサウルス。地球にも変化が起こり、恐竜の時代はやがて終わりを迎える。

前足に鋭い鉤爪を持ち、ナイフのような歯を備えた最大最強の肉食恐竜のアロサウルス。頭から尻尾の先まで12mに達するものもいた

弱肉強食の後期白亜紀

後期白亜紀になると草食恐竜が角などを備え身を守るようになり、気性が荒い肉食恐竜は鋭い爪を持ち、敏捷に動く強い脚とバランスをとるための長い尻尾を備え、獲物を捕った。目の前には水を飲む恐竜とそれを狙う翼竜が。

岩の上からオルニトミムスを狙っているのはプテラノドンの群れ。全長約2m、翼を広げると8mにもなる翼竜だ

枯れた湖でわずかな水を飲んでいるのはオルニトミムス。周辺には力尽きて白骨化した恐竜の残骸が横たわっている

ステゴサウルスは背中に剣のような骨の板が並び、尻尾の先に鋭く長い4本のとげを備えている。恐ろしい姿をしているが、ふだんはおとなしい草食恐竜

Pirates of the Caribbean

カリブの海賊

17世紀から18世紀にかけて
カリブ海を荒らした海賊の世界

フレンチ・クォーターの街並みに建つ屋敷のなかに、海賊たちの待ち受ける冒険の世界が広がっている。その昔、メキシコ湾に面したニューオーリンズは、金銀財宝を積んだスペイン船やイギリス船、オランダ船が航行していた貿易港だった。海賊たちにとってカリブ海は、ごっそり略奪するのに格好のエリア。ピンク色のエレガントな風格のある邸宅は、海賊の世界へ続く入り口。足を踏み入れると、19世紀初頭の"ラフィートの船着き場"へと時代をさかのぼる。ラフィートとは当時、カリブ海一帯を支配下におさめたフランスの大海賊ジャン・ラフィートのこと。彼の人生は伝説として語りつがれ、極悪非道の泥棒なのか、商人なのか、それとも英雄なのかといまでも議論される。ドクロマークの旗をなびかせ港の要衝を砲撃する海賊船には、ディズニー映画『パイレーツ・オブ・カリビアン』のキャプテン・バルボッサの姿がある。あのキャプテン・ジャック・スパロウやデイヴィ・ジョーンズも登場するので探してみよう。

海賊たちが滅びた死人の入江

Dead Man's Cove
デッドマンズ・コーブ

箱の中から聞こえてくるのはデイヴィ・ジョーンズの心臓の音。ボートが近づくとドックンドックンと鼓動が聞こえてくる

剣が背後の大木まで刺さり立ったまま白骨化した海賊。キャプテン帽の上には1羽のカモメが巣を作って休んでいる

ドクロの警告を受けてボートは突然急流を下り、海賊が暗躍していた世界へと突き落とされる。ボートごと放りだされた洞窟の水路を進むと、宝をめぐり、争い続けた結果、無残な死を遂げた海賊の末路が。

宝箱を埋めるつもりで持ってきたのであろうシャベルが置かれている。力尽きたのか？ それとも……

嵐の航海と船内の休憩所

Hurricane Lagoon & Crew's Quarters
ハリケーンラグーン＆クルークォーター

ここは全盛のころ、海賊たちが酒を飲み交わしていた船内の休憩所。長い時間忘れ去られいまは廃墟となっている。ガイコツとなった海賊の周辺には、ウイスキーやラム酒、グロッグ酒などのボトルが散乱している。

ガイコツの背後には杯を持つ女性の海賊を描いた古い絵がかかっている。一体彼女はだれなんだろう？

口にくわえたボトルのラム酒がガイコツの体のなかを流れていくのが見える。よっぽど酒が好きだったようだ

はるか昔に、あびるように酒を飲んでいたのに、いまもなお、こりずに飲み続けている海賊の姿がある

激しい嵐のなかで舵をとる怪しげなガイコツ。亡骸となっても船を安全な場所へと導こうとしているのか？

奪い取った財宝はここに

Treasure Cache
財宝の隠し場

さらに洞窟を進むと、まぶしいほどに輝く財宝の宝の山が現れる。おそらくカリブ海を航行するガリオン船や島々の港を襲って奪った金品だろう。
「おめえたちは知りすぎたようだ……」と不気味な声が洞窟に響く。

金銀財宝を独り占めしたガイコツが微笑みを浮かべながら宝の山の上に座っている。あわれな姿だ

山と積まれているのは海賊が暗躍していた時代にスペイン語圏で使われていたダブロン金貨や宝石のようだ

海賊船 vs. スペイン軍の砦

Bombarding the Fort
砲撃される砦

洞窟を抜けたボートはカリブ海沿岸の霧が立ちこめた夜の港へと投げ出された。目の前で海賊船がスペイン軍の砦に向かって砲撃をしている。キャプテン・バルボッサの部下たちが発砲したキャノン砲が水面に落ちて水しぶきが上がる。

負けじと反撃するスペイン軍の砦。"We will never surrender！（われわれは絶対に降参しないぞ！）"と叫んでいる

甲板にはキャプテン・バルボッサの姿が。彼は大声で指示を出し、スペイン軍に罵声を浴びせている

ドクロマークの旗をなびかせながら、霧のなかから大砲を備えた海賊船が姿を現す

井戸で水責めにあう治安判事

Well Scene
井戸のシーン

砲撃戦をあとにすると、いままさに海賊たちに占拠されつつある中世のカリブの町の運河へと入る。広場では治安判事が捕らえられ、海賊たちはキャプテン・ジャック・スパロウの居場所と町の宝のありかを聞き出そうとしている。井戸の横には、町の有力者たちが恐ろしさに震えながら拷問の順番が回ってくるのを待っている。

口から水を吹き出す治安判事。海賊たちはイスに縛りつけ、井戸のなかで水責めにしている

長いひげを生やした大海賊が剣をふりかざし、金目のものを探そうとしている

建物の2階の窓から治安判事の妻が顔を出し、「絶対に言ってはいけない」と叫んでいる

縄で縛られて数珠つなぎになっているのは町の有力者たち。彼らから宝のありかを吐き出させるのだろう

誇らしげに歌う海賊たち

Musician's Area
ミュージシャン・エリア

当時の楽器を演奏しながら「ヨーホー」を誇らしげに歌う3人の海賊たち。一緒に大声を上げて歌う者もいれば、岸の反対側で、ラム酒を酒瓶のまま飲んで酔いつぶれている海賊も見える。

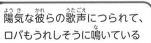

陽気な彼らの歌声につられて、ロバもうれしそうに鳴いている

3人の海賊の足元で、犬も尻尾をふりながら、歌声に合わせて遠吠えをくり返している

海賊が火を放って悪事を行う

Burning City
燃える町

町のあちこちで火が赤々と燃え上がり、空をも赤く染めている。酒をくらう海賊や、両手に宝石箱を持ち、頭にはいくつも帽子を重ねて、盗品をひとつ残らず奪い取ろうと船にのせる海賊もいる。

↑バランスをとりながら略奪したものを船にのせる海賊。仕事をサボり歌う海賊も

↑地下牢の鍵をくわえている犬に、海賊たちは骨をちらつかせておびき寄せようと必死だ

炎が迫る地下牢

Dungeon Scene
燃える牢獄

町じゅうが炎に包まれていくなか、牢に閉じこめられた海賊たちは、なんとかこの状況から逃げ出そうと必死だ。看守はどこにも見当たらず、そばにいるのは尻尾をふる1匹の犬のみ。口笛を吹いてよび寄せようとするが……。

The Enchanted Tiki Room: Stitch Presents "Aloha E Komo Mai!"

魅惑のチキルーム：スティッチ・プレゼンツ"アロハ・エ・コモ・マイ！"

南国の鳥たちのミュージカルショーにあのスティッチが飛び入り参加!?

　美しい花と植物に囲まれたエキゾチックな建物は、ポリネシア神話の神様、チキが宿る南国の楽園。草ぶき屋根の建物の下で、ハワイ出身の鳥や花たちによるミュージカルショーが行われている。美しいハーモニーを聞かせてくれるのは、バーズ・オブ・パラダイスと仲間たち。"アロハ・エ・コモ・マイ！"は、ハワイ語で「こんにちは、ようこそ！」を表す言葉だ。鳥たちがお気に入りの歌を披露していると、窓に落書きが浮かび上がったり、おかしな音が鳴ったり、雷が落ちて照明が暗くなったり、次々と不思議な現象が起こる。4羽の鳥たちは、「チキの神たちのリーダー、ビッグ・カフーナを怒らせてしまったせいだ」と大騒ぎ。目の前に現れたのは、ウクレレを持った宇宙のあばれん坊のエイリアン、スティッチだった。いたずらをやめて飛び入り参加したスティッチは、自慢のウクレレでハワイアンミュージックを披露し、鳥たちと一緒に歌う。

荷台には大きな2つのトランクが残っている。旅の途中だろうか？ハワイと沖縄のステッカーが貼られている

敷地内に乗り捨てられているのは、宇宙船。なかにある所持品から推測すると、どうやらスティッチが乗ってきたもののようだ

放置された宇宙船の座席には、スティッチが大切にしている『みにくいアヒルの子』の本が置いてある

日が暮れると宇宙船のヘッドライトに明かりがつく

↓足跡は天井に向かっている。スティッチは一体なにを企んでいるのか？

↑手前の柵を越えて柱を器用に上っていく青いペンキの足跡をたどっていくと……

↑足跡は壁が突き破られた穴のなかに続いている。スティッチはシアターへ入ったよう

→入り口に「スティッチを見つけた人は連絡ください。リロ」と書かれたポスターが。リロは行方不明になったスティッチを心配しているようだ

スティッチが宇宙船を乗り捨てた理由とは……

　魅惑のチキルームで行われている「Aloha E Komo Mai」は、スティッチ主演のディズニー映画『リロ＆スティッチ』の音楽。看板を見ると、"Aloha E Komo Mai！"の前に青いペンキで書き足した"Stitch Presents（スティッチが贈る）"の直筆のサインがある。どうやらこの看板が目に入ったスティッチは、ここで行われているショーに参加したくなったようだ。

看板に落書きをしているときに、青いペンキを踏んでしまったのだろう。あちこちにスティッチの足跡が残っている

←花に囲まれた南国風な看板に、いつのまにか青いペンキで、落書きがされている。"Stitch Presents"ってことは？　犯人はスティッチ？

真夜中のダンサー
Koro コロ

➡踊りの神様。月の光がコロを踊らせ、コロの踊りが人を酔わせる。顔が笑っているようにも見える

ここはチキの神々が宿る聖なる建物

ゲストが最初に訪れるのは、6体のチキの神様が出迎える "魅惑の庭園"。チキとは、火や風、雨など、自然を司るポリネシアの神様のこと。実はもう1体、姿を見せない神様がいる。偉大なる神 "ビッグ・カフーナ" だ。どんな神様かはいまだ謎のまま。わかっているのは、チキの神様のリーダーということだけだ。

太陽を手なずけた
Maui マウイ

⬅いたずらな太陽を手なずけた神様のマウイ。頭の上に太陽の神のような頭飾りをつけている

東風の女神
Tangaroa-ru
タンガロア・ル

頭に風見のように羽を広げたチキの鳥をのせている。ポリネシアの神話によると大海原を渡るトゥリに岩を投げて休憩場所を与えてあげたとか

雨の女神
Hina Kuluua
ヒナ・クルウア

三日月型の飾りのついた、帽子をかぶった雨の神様。ヒナ・クルウアは、タンガロア・ルと大の仲良し。いつも一緒に熱帯エリアを旅しているそう

地球のバランスを保つ神
Ngendei ヌゲンデイ

⬅火と火山の女神ペレが怒って南の島々の大地を揺さぶると、ヌゲンデイは左右に揺れながら、一生懸命バランスをとっている

⬆スティッチがいなくなって大あわてのリロは、神様ヌゲンデイの足にもポスターを貼りつけてしまったようだ

火と火山の女神
Pele ペレ

⬅恐ろしい姿をした女神で嫉妬深くおこりんぼな性格。気にさわると、頭の火山が噴火する

⬆火山岩でできたようなベンチは冬の時期は冷たく見えても、実は腰かけると暖かくなっている。もしかしたらペレが噴火させた火山から溶岩が流れて固まったのかも!?

魅惑のチキルーム：スティッチ・プレゼンツ"アロハ・エ・コモ・マイ！"

Hau'oli ハウオリ

ハワイ語で「幸せ」を意味する赤い鳥。親しみやすくて明るい性格。みんなをまとめるリーダー的存在だ。スティッチに「ショーに出してあげると言ったら、いたずらしないかい？」と誘う

スティッチはみんなのオハナになってショーを一緒に盛り上げる

チキルームのなかで、ショーを進行するのは、ハワイ出身のカラフルな鳥たち"バーズ・オブ・パラダイス"。ハウオリ、マヌ、マヒナ、ワハヌイの4羽の鳥たちだ。ところが、鳥たちが歌いだすと、次々と不思議な現象が起こりはじめる。ショーの邪魔をするのは、忍びこんだスティッチだった。素直に参加するのはおもしろくないと思い、いたずらをくり返していたようだ。スティッチは、鳥たちの"オハナ（家族）"になって、得意のウクレレを弾き、ショーを一緒に盛り上げる。

Mahina マヒナ

ハワイ語で「月」を意味するピンク色の鳥。自信に満ちあふれて常に冷静なふるまいをする上品なレディーだ。首につけた花飾りや髪飾りにも注目。とまり木にはハートのマークも

Stitch スティッチ

ディズニー映画『リロ＆スティッチ』に登場するいたずら好きのエイリアン。侵入したスティッチは、シアターの中央からウクレレを持ってアロハ姿で登場する

Manu マヌ

ハワイ語で「鳥」を意味する青い鳥。くちばしの上にちょこんとメガネがのっていて、用心深い性格だ。次々と起こる不思議な現象に"ビッグ・カフーナ"の仕業だとビクビクする

→壁にたくさんの足跡や、スティッチの落書きが現れる

↑よく見ると、"Aloha E Komo Mai"（こんにちは、ようこそ）

Waha Nui ワハヌイ

ハワイ語で「おしゃべりな口」を意味する緑色の鳥。思ったことはストレートに言う。口うるさくて、皮肉めいたジョークも連発。でも、ユーモアあふれる憎めないキャラクターだ

「魅惑のチキルーム」で歌われている楽曲は？

ショーで歌われる曲は全部で4曲。1曲目は「ハワイアン・ローラーコースター・ライド」、2曲目は「アロハ・エ・コモ・マイ」、3曲目は「ハワイアン・ウォーチャント」、4曲目は「ワイキキの浜辺で」。最後はスティッチが現れて一緒に「アロハ・エ・コモ・マイ」を大合唱。テーマ曲の「アロハ・エ・コモ・マイ」を覚えて、手拍子、足拍子、みんなでショーを盛り上げよう。

Winged Wahines ウィング・ワヒネ

マヌと一緒に歌うのはワイキキの砂浜で見つけた10羽のコーラスガール。スティッチのいたずらで、全員白い羽が青くなり、小さな耳をつけられてしまう。みんな怒って歌は中止に

「魅惑のチキルーム」とウォルト・ディズニー

「われわれの目の前に新しい扉が開かれた。動かないものに生命を吹きこむというわれわれの夢が新しい段階を迎えたのだ」

——ウォルト・ディズニー

「魅惑のチキルーム」を制作するにあたりウォルト・ディズニーがやり遂げた技術とは……

いまや多くのアトラクションの要となっているのがオーディオ・アニマトロニクス。これは1963年に、ウォルト・ディズニーを中心に、「魅惑のチキルーム」のために開発したテクノロジー。Audio（音響）、Animation（動画）、Electronics（電子技術）の3つの言葉を組み合わせたディズニーの造語で、人形や動物たちの音と動きをコンピューターの操作で動かせる画期的なシステムだ。鳥や花、動物や人間までもが、まるで生きているように歌ったり踊ったりする姿は、この技術があってこそ。「ジャングルクルーズ」や「カリブの海賊」「カントリーベア・シアター」など、多くのアトラクションに採用されている。

動かない鳥を生きているように動かす思いつきは旅行先で見つけた機械仕掛けの鳥の玩具

ウォルト・ディズニーがオーディオ・アニマトロニクスに取り組んだきっかけは、ニューオーリンズを旅したときのことだった。偶然に立ち寄った骨董屋で、19世紀にフランスで作られた機械仕掛けの鳥の玩具を見つけた。その精巧な動きに引き寄せられ開発を思いついたようだ。そしてクリエーターたちとともに研究に研究を重ね、1963年、オーディオ・アニマトロニクスを導入した世界初のアトラクション「魅惑のチキルーム」をオープンさせたのだ。キャストがとまり木を叩くと、鳥が目を覚ます。動くはずのない鳥たちの動きは、当時のゲストの想像をこえ、一大センセーションを巻き起こすことになった。

ディズニーテーマパークに新たな夢の扉を開いた「魅惑のチキルーム」の歴史をふり返る

カリフォルニアのディズニーランドで「魅惑のチキルーム」がオープンしたのは1963年のこと。その20年後の1983年、東京ディズニーランドのオープンと同時に「魅惑のチキルーム」が登場。当時はドイツ、スペイン、フランス、アメリカの4羽の鳥が主役を飾り、お国柄が出る個性豊かなショーは、多くのゲストを魅了した。そして、1999年に「魅惑のチキルーム "ゲット・ザ・フィーバー！"」にリニューアル。ラスベガス出身の鳥たちが、本場さながらのショーで盛り上げた。東京ディズニーランドが25周年を迎えた2008年、現在の「魅惑のチキルーム：スティッチ・プレゼンツ "アロハ・エ・コモ・マイ！"」がはじまった。

WESTERNLAND

新しい世界を切り開くフロンティア スピリットが息づくアメリカ西部の世界

ウエスタンランド

　1790年から1880年代のアメリカ西部開拓時代を体験できるのがウエスタンランドだ。木の回廊にはロッキングチェアが揺れ、インディアンの木像が置かれるなど、見るものすべてが西部そのもの。そして聞こえてくるのはカントリー＆ウエスタンの軽快な音楽。陽気なクマたちによるミュージカルショーや、真っ白なリバーボートで楽しむ西部奥地の船旅、食事をしながら見るステージショーもウエスタンランドならではの楽しみだ。スリルとロマンに挑むなら、鋭く切り立った岩山に上り、鉱山列車に乗り込もう。いかだで渡るトムソーヤ島ではマーク・トウェインの小説『トム・ソーヤの冒険』が体験できる。冒険心をかきたてる話題がいっぱい。

Castle Rock Ridge
キャッスルロック

Skull Rock
ドクロ岩

Fort Sam Clemens
サムクレメンズ砦

Indian Village
インディアンの村

Tom Sawyer Island
トムソーヤ島

Barrel Bridge
たる橋

CAMP WOODCHUCK
キャンプ・ウッドチャック

Burning Cabin
燃える小屋

Sam's Cove
サムの入り江

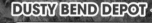

DUSTY BEND DEPOT

「ウエスタンリバー鉄道」沿線にある駅のひとつ。いまは停車することがない

BIG THUNDER MINING CO.

「ビッグサンダー・マウンテン」を所有する鉱山会社。金塊の減少に伴って以前の活気はないものの現在も操業中

FLOUR & FEED

開拓時代の貴重な食糧。フラワーは小麦粉、フィードは飼料。その両方を販売している店のようだ

Hawk Rock
ホークロック

ASSAYERS OFFICE
金分析事務所

Tom Sawyer's Treehouse
トムソーヤの ツリーハウス

Injun Joe's Cave
インジャンジョーの洞窟

Huckleberry Pond
ハックルベリー沼

Suspension Bridge
つり橋

Settlers' Landing
開拓者の船着き場

Tom Sawyer Island Rafts
トムソーヤ島いかだ

Mark Twain Riverboat
蒸気船マークトウェイン号

Big Thunder Mountain
ビッグサンダー・マウンテン

Harper's Mill
ハーパーの粉ひき小屋

Fishing Dock & Pump House
魚釣りドックとポンプ小屋

Steamboat Terminal
蒸気船船着き場

Land Enterprise Co
ファインデット氏が経営するランド・エンタープライズ会社。鉱山測量と探鉱を手掛ける。"I. WILL FINDIT"という名には、見つけるという意味がある

SEAMSTRESS
婦人服の仕立て屋。パリやニューヨーク、セント・ルイスからの新作も2〜3日で縫製できるらしい

ELIAS HOTEL
イライアスホテルと書かれている。「イライアス」は、ウォルト・ディズニーの父親の名前。星条旗がなびく建物にある

MILLING & LUMBER Co.
ミリング&ランバー会社。カッター氏が経営する製材所。公正な値段で良質な木材を販売しているようだ

Country Bear Bandwagon
幌馬車には楽器を積んで、いつでも出発できるよう準備しているようだ

Westernland Shootin' Gallery
ウエスタンランド・シューティングギャラリー

Country Bear Theater
カントリーベア・シアター

TERRITORIAL CHRONICLE
テリトリアル・クロニクル新聞社。週1回新聞を発行しているようだ

Painless Dentist Dr. I. Teethe
ティーズ先生の無痛歯医者。名前の"I. Teethe"には、もしや"I tease"という発音同じくして"私はしつこくいじめる"という意味が隠されているかも!?

Noah Count Insurance Broker
ノア・カウント保険代理店。ノア・カウント氏は信用しづらい経営者のようだ。なぜなら、"No account"とは、役立たずという意味を持っているからだ

POCAHONTAS REMEDIES
看板は、人間と動物用の治療薬の広告。開拓時代、ネイティブ・アメリカンの娘ポカホンタスが、開拓者のジョン・スミスを処刑から救ったことが逸話となり、それにあやかろうとポカホンタスの商品名が多く出回った

Assayer's Office
ここで「ビッグサンダー・マウンテン」で採掘された金塊や鉱石を鑑定しているようだ。「トムソーヤ島いかだ」乗り場のそばにもある

Mark Twain Riverboat

蒸気船マークトウェイン号

↑「蒸気船マークトウェイン号」の船着き場。19世紀の雰囲気が漂っている

開拓時代を象徴する 19世紀半ばのミシシッピ川の 蒸気船がアメリカ河に復活!

蒸気船マークトウェイン号は、19世紀半ば、大勢の開拓者を乗せてミシシッピ川を航行していた当時の外輪船のデザインや雰囲気を忠実に守って作られている。全長約34m、重さ約140 t、冠を配した2本の煙突から蒸気を噴き出し、赤い外輪を回しながら約2ノット(時速約3.7km)の速度で進む。"マ～ク、トウェイ～ン"のアナウンスと、高らかに響き渡る鐘の音、合図の汽笛が聞こえたら、いよいよ出航だ。船はゆっくりと港を離れ、ドックで手をふる船員の姿がどんどん小さくなっていく。

蒸気船の船長はランドルフ・ノックス。航海中は、船長と一等航海士のジェイコブ・ブラッグスが、アメリカ河の景色を見ながら西部開拓時代の歴史について会話をくり広げてくれる。ただし、興味深い話を聞かせてくれるのは日没まで。船体に明かりがつくと、ムードあふれる音楽で夜の船旅を楽しむことができる。昼間とはひと味もふた味もちがった雰囲気を楽しもう。

↑次の便にのせるのだろうか? 待合室には長い船旅を思わせる大きなトランクが置かれている

←万が一の事態に備えて、港内には救命用浮き輪やランタン、斧が用意されている

→乗船口付近には運航スケジュールを示す黒板がある。1週間分の寄港地がわかる

DEPARTURES							
Ask Dockmaster for Times	M	T	W	TH	F	SA	SU
Baton Rouge							
Hannibal				✓			
Kansas City					✓		
Louisville	✓					✓	
Natchez		✓			✓		
Omaha			✓				
Pine Bluff							✓
St. Louis	✓						
Wichita							

Main Deck

メインデッキ(1階)

ボイラールームや機関室のある1階のメインデッキ。もっとも水面に近い低層階で、川を渡る風の心地よさをダイレクトに感じることができる

Boiler Room

ボイラールーム

メインデッキの階段横には船を航行させるためにエネルギーを送り出すボイラーがある

Funnel

煙突

煙突は単なる排気口だけではなく、前方2本の煙突には冠を配し、威風堂々としたデザインがほどこされている。"水上の宮殿""水上のウエディングケーキ"とよばれていたというのも納得の優雅な姿だ

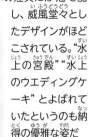

Steering House

操舵室（4階）

最上階にあり、操舵手だけが入室できる特別な場所。乗客の立ち入りは禁止だ

Texas Deck

テキサスデッキ（3階）

ロケーション抜群の3階。開放感にあふれ、船旅気分を盛り上げてくれる。優雅なソファーを配した部屋もあり、ゆったりくつろぎながら船旅気分を楽しむのに最適。高い位置から360度のパノラマで景色を見ることができる。先頭で眺めるのもいいが、船の側面のデッキから、もしくは波紋を残す後方を眺めるのもおすすめ

Paddle Wheel

外輪

外輪の直径は約4m、ダグラスファー（米松）という極めて耐久性の高い木材から作られている。水深の浅い川でも強力な推進力が出せるように設計されている

Engine

エンジン

後方に船のエンジンがある。階段をはさんで、クルー（船員）が上のハンドルで蒸気の出力を、床からのびる長いレバーで外輪の調整をする。出航するときと帰港するときに、その操作を見ることができる

↑待合室中央に置かれた「蒸気船マークトウェイン号」の模型。4層構造の平底船で、外輪の力で航行しているのがわかる

Promenade Deck

プロムナードデッキ（2階）

少し高い目線で景色を楽しむことができる。デッキには部屋があり、のんびりと船長の解説を聞きながら船旅を楽しみたいゲストにおすすめだ。吹き抜ける風が気持ちいい。後方の階段下には乗客の大きなトランクが置かれている。大きなカバンや楽器のケースがあるところを見ると、街から街へと移動する旅芸人や楽団員も乗船しているのかも

Sam's Cove
サムの入り江

➡ロッキングチェアでくつろいでいるのはセドナ・サム。いまはのんびり釣り糸を垂れている。愛犬のディガーは、岩崩れから彼を救った命の恩人

Indian Village
インディアンの村

➡森のなかからこちらをうかがっているのは村の偵察隊。敵ではないと察したようだ。こちらを見て手をふっている

西部開拓時代の大自然が広がるアメリカ河
Rivers of American

　19世紀半ば、ミシシッピ川は開拓者にとって、アメリカ西部へ向かう大動脈となっていた。まだスクリューが発達していない時代で、水深の浅いミシシッピ川の移動は、蒸気船やカヌー、いかだなどが使われていた。ウエスタンランドにあるアメリカ河はそのころのミシシッピ河をモチーフにしている。全長約700m。河岸には、当時の手つかずの自然や生息する野生動物、インディアンが生活する様子などを間近に見ることができる。乗り物によって見え方はいろいろ。アメリカ河で楽しめる見どころを一挙に紹介しよう。

「蒸気船マークトウェイン号」の船着き場。全長約34m、総重量140 t の蒸気船が寄港する

小腹がすいたら「キャンプ・ウッドチャック・キッチン」へ。エネルギーチャージができる

ドナルドとデイジーに会える「ウッドチャック・グリーティングトレイル」がこの先にある

大きな切り株のキャンプファイヤー場には、スクルージ・マクダックの名前が入ったトンネルの蓋がある

切り株ががらんどうになった「ティッタートゥイル・ツリー」には、青くて変わった鳥の巣が

↑何やら会議中のようだ。皆、真剣な面持ちで話に聞き入っている

←バッファローの革で作ったティーピーが並ぶ大きな村。ほかの部族の人たちと、バッファローの革や首飾りなどの取引をしている様子が見える

Indian Burial Ground
インディアンの墓場

←埋葬用のやぐらの上に亡くなった戦士が。彼らの生活に深いつながりがあるバッファローといっしょにまつられている。

Deers
シカ

↑木々の間に2頭の大ジカが見える。警戒心の強い大ジカは近づいてくる蒸気機関車の音に耳をすましているようだ

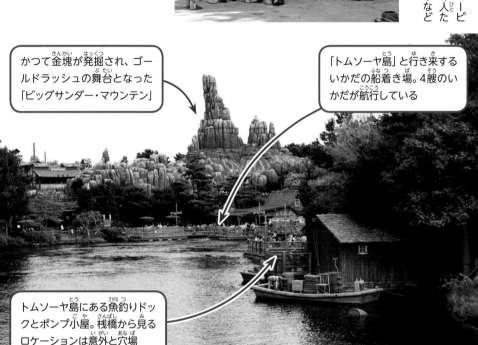

かつて金塊が発掘され、ゴールドラッシュの舞台となった「ビッグサンダー・マウンテン」

「トムソーヤ島」と行き来するいかだの船着き場。4艘のいかだが航行している

トムソーヤ島にある魚釣りドックとポンプ小屋。桟橋から見るロケーションは意外と穴場

Hawk Rock
ホークロック

↑岩山のてっぺんにはワシの巣が。「蒸気船マークトウェイン号」3階のテキサスデッキから、ヒナがエサをもらっている姿が見える
↓岩山の中腹では数頭のプレーリードッグの一家が顔を出したり、ひっこめたりしている。外敵の見張りをしているのかもしれない

↑滝が流れ落ちる岩山はホークロック。この山にはあちこちに小動物が巣を作っているようだ

タイミングが合えば超ラッキー
アメリカ河の "奇跡の瞬間"

「蒸気船マークトウェイン号」が港に停泊し、「トムソーヤ島」へ渡るいかだがその前を横断、「ビーバーブラザーズのカヌー探険」のカヌーが現れ、「スプラッシュ・マウンテン」から丸太のボートが落下、そして「ウエスタンリバー鉄道」が蒸気を噴き出しながら河沿いを走る……。そう、5つのアトラクションが同時に見られる "奇跡の瞬間" だ。場所は「トムソーヤ島いかだ」の乗り場の入り口右手横あたり。狙って行っても見られるとは限らない。だから "奇跡"。それをバックに写真が撮れたら、これは一生の宝物だ。

➡「蒸気船マークトウェイン号」と「ウエスタンリバー鉄道」が並走しているところ

Tom Sawyer Island Rafts

トムソーヤ島いかだ

いかだで渡るトムソーヤ島は マーク・トウェインの 小説がモチーフに

トムソーヤ島はアメリカ河の中州にある冒険の島。マーク・トウェインが書いた自伝的小説『トム・ソーヤの冒険』と『ハックルベリー・フィンの冒険』の世界が広がっている。船着き場でマップを手に入れたら冒険の世界へ出発しよう。ゆるやかな坂を上った先にあるのは、「トムソーヤのツリーハウス」。ここはトムとハックの秘密基地。だれもがあこがれる木の上の家だ。丘を下ってうす暗い洞窟に入るとコウモリの鳴き声が……。洞窟のどこかにインジャンジョーが隠した宝物があるらしい。手がかりは十字のマーク。見つけたらそのあたりをさわってみよう。洞窟から出て、入り江に浮かぶ不安定なたる橋を渡ったら、キャッスルロックが見えてくる。高い柵で囲まれた建物はサムクレメンズ砦。ほかにも見どころはたくさんある。わんぱく少年トムになったつもりでめいっぱい遊ぼう。

Castle Rock Ridge

キャッスルロック

トムソーヤ島でひときわ目立つ岩山。登ったり、トンネルをくぐったり、かくれんぼしたり、ここは想像力と行動力をフル活用して自由に遊ぶ場所だ

Skull Rock

ドクロ岩

ドクロの形をした不気味な岩。あたたかい季節には、目や口の穴から霧が噴き出す。子どもたちは大よろこび。ぬれないように気をつけて

Fort Sam Clemens

サムクレメンズ砦

砦のなかにある連隊本部。連隊長の部屋をのぞいてみると、カーテンの奥からいびきが聞こえてくる

➡船着き場で手に入るトムソーヤ島のマップ。島内をくまなく探険するため、これを頼りに出発しよう。驚きと発見がいっぱいだ

Burning Cabin

燃える小屋

開拓者の小屋。トムソーヤ島に渡っても、たどり着くことはできない。蒸気船マークトウェイン号かウエスタンリバー鉄道、カヌーからなら見ることができる

Barrel Bridge

たる橋

プカプカと浮き、しずんだり、かたむいたりするたる橋は21個のたるでできている。大勢で渡るとより不安定に。この橋は一方通行

Tom Sawyer's Treehouse

トムソーヤのツリーハウス

がらんどうになった太い幹の内部から階段を上がると、そこは秘密の隠れ家。望遠鏡があり、眺めは最高。小説ではトムがハックのために作った家だ

Huckleberry Pond

ハックルベリー沼

トムの冒険はいつだってハックと一緒。ハックルベリー沼はツリーハウスのかたわらで静かに水をたたえている。ここには"釣りは禁止"の看板が

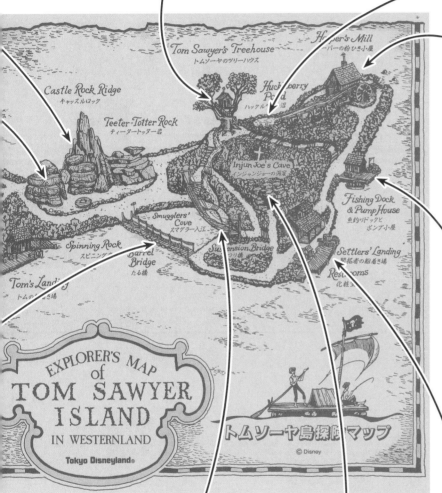

EXPLORER'S MAP of TOM SAWYER ISLAND IN WESTERNLAND

Tokyo Disneyland®

トムソーヤ島探険マップ

© Disney

Harper's Mill

ハーパーの粉ひき小屋

ジョー・ハーパーはトムの遊び仲間。この粉ひき小屋は彼のお父さんのもの。沼から引いた水で、大きな水車を回して粉をひいている

Fishing Dock & Pump House

魚釣りドックとポンプ小屋

ドックにつながれた小舟には釣り道具が。小説では、トムとハックとジョーは無人島でキャンプをした翌朝、朝食のためにここから釣りに出かける

Settlers' Landing

開拓者の船着き場

ここはトムとハックの世界が広がる冒険の入り口。古びた食器や洗濯板、魚とり網があり、塀のペンキ塗りをだれかにやらせた、そんなトムがいるようだ

Suspension Bridge

つり橋

スマグラー入江にかかる、揺れる"つり橋"。トムソーヤのツリーハウスから小川に沿って降りて行くと、正面に橋が見えてくる

Injun Joe's Cave

インジャンジョーの洞窟

小説では、殺人事件を起こして盗んだ大金を持ったまま姿を消したインジャンジョー。うす暗い洞窟のなかには十字のマークが。隠した宝物があるらしい

ウォルト・ディズニーに大きな影響を与えた

マーク・トウェインの小説

少年のころ、開拓時代のわんぱく少年トム・ソーヤの物語に夢中になったウォルトは、後年、ディズニーランドを建設するさい、作家マーク・トウェインの世界を、見て、さわって、体験できる島を作りたいと計画した。乾ききったカリフォルニアの土地にミシシッピ川を思わせる「アメリカ河」という名の川を作り、マーク・トウェインの名を冠した蒸気船を浮かべ、中州には小説の舞台「トムソーヤ島」を作った。ウォルトが夢をふくらませた、マーク・トウェインの魅力を解説しよう。

Mark Twain

マーク・トウェイン (1835-1910)
本名はサミュエル・ラングホーン・クレメンズ

"マーク、トウェイン" それは水深をあらわす海洋用語

マーク・トウェインはミズーリ州フロリダの小さな町で生まれ、4歳から18歳までミシシッピ川流域の小さな町ハンニバルで育った。冒険好きな少年は、野原をはだしでかけ回り、洞窟を探険し、川で泳ぎ、手製のいかだを作って無人島に渡って遊んでいた。なにより好きだったのは丘の上からミシシッピ川を航行する蒸気船を見ること。サミュエルにとって蒸気船の水先案内人になることは小さいころからの夢だった。その夢が実現したのは22歳のとき。あこがれの船乗りになって叫んだのが "マーク、トウェイン (Mark Twain・水深12フィート)"。これは蒸気船の安全航行水域を確認する船乗りたちの出航合図。ミシシッピ川は日によって水深が変わり、船乗りは、安全に航行できる深さがあるかを確認しなければならない。"マーク、トウェイン" とはそういう意味。蒸気船への強いあこがれは、のちに作家サミュエルのペンネームになった。そして少年時代に遊んだミシシッピ川の思い出は、冒険小説『トム・ソーヤの冒険』と『ハックルベリー・フィンの冒険』を生み出し、アメリカ文学史上まれにみる永遠のベストセラーとなった。

マーク・トウェインはウォルトにとって生涯の英雄

想像力にあふれ、なにごとにも妥協を許さず挑戦し続けてきたウォルト・ディズニー。ディズニーランドの創始者であるが、少年時代のウォルトは決して勉強ができる優等生ではなかった。授業中に空想にふけっては先生に注意されてばかり。写生の時間には顔や腕のついた花を描くようないたずらっ子だった。学校での勉強にあまり興味を示さなかった一方で、ウォルトが夢中になったのは、スティーブンソンやスコット、ジュール・ベルヌやH. G. ウェルズらの冒険小説。なかでもむさぼり読んだのが、マーク・トウェインの小説『トム・ソーヤの冒険』だ。アメリカ南部の大自然を舞台に、主人公のトムとハックは、いかだに乗って無人島へ渡り、洞窟を探険し、キャンプをして遊んだ。小説には、アメリカの少年たちがあこがれる冒険が描かれていた。ワクワクするような物語は好奇心旺盛なウォルトの心をとらえ、大人になってもその感動は心から離れなかったのだろう。

ふたりの少年の故郷はともにミズーリ州の小さな町

ウォルトが幼少時代を過ごしたマーセリンの町は、偶然にもマーク・トウェインの小説の舞台となったハンニバルの町からそう遠くない場所にあった。それはウォルト少年にとってマーク・トウェインに親近感を寄せる大きな要因であったかもし

れない。どちらも小さな田舎町で、それぞれの町に川があり、森があり、自然があふれていた。丘の上から蒸気船を眺めるのが好きだったサミュエルと、田園風景のなかで蒸気機関車を見るのがなにより楽しみだったウォルト。河畔と田園というちがいこそあったものの、自然のなかで無邪気に遊んだ故郷での思い出は、大人になってからも大きな支えとなったにちがいない。

あこがれの小説の世界が「アメリカ河」によみがえる

ウォルトが少年時代にあこがれたマーク・トウェインの夢と冒険。ウォルトは偉大な作家への思いを、カリフォルニアのディズニーランドに冒険の世界としてよみがえらせた。ミシシッピ川に似せた「アメリカ河」が作られ、マーク・トウェインの名がついた蒸気船が浮かび、トムが夢中で遊んだ無人島は「トムソーヤ島」となって再現されたのだ。いかだで島へ渡ったゲストは、つり橋を渡って島じゅうをかけ回り、トムとハックの隠れ家だったツリーハウスに上って、主人公になった気分を味わえる。その世界は同じように東京ディズニーランドにも作られた。マーク・トウェインが、『トム・ソーヤの冒険』の前書きで、「大人には、子どものころがどんなものであったか、どんなことを感じ、どんなことを企てたかを楽しく思い出してほしい。それが私の計画の一部だ」と語っている。それは「大人になっても童心に返って、子どもの心を思い出してほしい」というウォルトの思いと重なっている。

↘「トムソーヤ島」の奥地にあるサムクレメンズ砦。マーク・トウェインの本名にちなんだ砦だ

↑アメリカ河を走る「蒸気船マークトウェイン号」。小説家マーク・トウェインの名前をつけた理由のひとつは、ウォルトが彼の小説をこよなく愛していたからだ

←「トムソーヤのツリーハウス」。小説ではトムとハックが秘密の隠れ家にしていた。ツリーハウスから見える景色は最高だ！

↓「トムソーヤ島」に渡る唯一の手段がいかだ。小説の登場人物の名前がいかだにつけられている。利用できるのは日没まで

Country Bear Theater

カントリーベア・シアター

歌も楽器演奏も超一流ぞろい!? 陽気なクマの カントリー＆ウエスタン

　1898年に建てられたグリズリーホールは、クマたちの間では由緒ある劇場。いま、世界的に有名なカントリーベア・バンドによるコンサートが行われている。ショーの主役は人間の倍以上もありそうな個性的な18頭のクマたち。音楽をこよなく愛する彼らが趣向をこらした手作り楽器を片手に、ブルーグラスやマウンテンソングなど、アメリカ西部を代表するカントリー＆ウエスタンを披露する。しかもその表情は人間顔負け。ときにはセクシーに、ときには涙を誘い、ときにはゆかいに熱唱する。ショーの進行役は伝統あるグリズリーホールとバンドを受けついだ支配人でもあるヘンリーだ。見事なテンポで、独唱あり、デュエットあり、コーラスありと、全15曲をお届けする。後半は「オールド・スルーフット」をメンバー全員で合奏し、最後にブルーグラスの名曲「カム・アゲイン」でゲストを見送る。手拍子、足拍子でコンサートを盛り上げよう。

➡ロビーの壁にはメンバーたちのポートレートが。ステージを離れたクマたちの日常生活を撮った写真が一面に並ぶ

ロビーで見られる バンドメンバーたちのプロフィール

　開演前のロビーにはクマたちを好きになる要素がたくさん。そのこだわりは超一級。これまでに受賞した輝かしいトロフィーやワールドツアーで世界90か国をまわった新聞記事、プライベート写真などを見れば、カントリーベア・バンドがいかにゆかいなミュージシャンかってことがわかる。ホールの創始者のアーサス・H・ベアの思い出の品が飾られた棚もお見逃しなく。ミッキーシェイプも!?

年輪が美しい最高級の丸太でできたこのレコードは、売り上げ100万枚を突破したときに、記念に授与されたもの

レコード売り上げ100万枚を突破 最多セールスレコード大賞を受賞

　ロビーの中央には、カントリーベア・バンドが数々の輝かしい賞を受賞した証が飾られている。「WILD」のレコード売り上げ100万枚を突破した記念の贈呈品である木の幹をうすく切って作ったレコードや、音楽賞のトロフィーなど、見れば、彼らがいかに偉大なミュージシャンかがわかるはず。

手前にある２つのゆかいな楽器はクマたちが手作りした傑作。見た目じゃなくて、アイディアで勝負!?

中央のトロフィーは、クマのミュージシャンにとっては名誉ある "The Teddy Award(テディ賞)" で、カントリーベア・バンドが受賞。"The Empty Jug (空きびん賞)" はテッド、"The Broken Banjo(いかれたバンジョー賞)" は、もちろんビッグ・アルに贈られた

ホールを創設したアーサス・H・ベアの縁の品にも注目!

　ロビーのいちばん奥のガラスケースには、1898年にこのグリズリーホールと楽団を創設したアーサス・H・ベアにまつわる品が並んでいる。司会進行を担当するヘンリーのおじいさんだ。舞台の正面上部には彼の肖像を配し、功績を後世に伝えている。

上の楽譜は「ベアバンド・セレナーデ」。その下にはドングリの楽譜が

ザ・ファイブベアラグズのメンバーがアーサス・H・ベアに送った手紙も大切に飾られている

コンサートのラストに歌われる「カム・アゲイン」。その楽譜が木のボードになんと足跡で書かれている。のぞいてみて

アーサス・H・ベアが使っていた古いバイオリンと弓。シルクハットをかぶった写真が本人だ

クマたちが作詞、作曲した楽譜や歌詞はメモ用紙やテーブルナプキンにも書かれている

出演者たちの楽屋が並ぶ 出口通路にも楽しみが

コンサート会場を出たところにあるのは、個性豊かな出演者たちの楽屋。それぞれの扉には出演者名が書いてあり、ひと目でだれの楽屋かわかるように工夫されている。ショーに感動して、うっかり見過ごしてしまわないよう注意して。

↑出演者たちの楽屋。扉周辺にはキャラクター性のわかるものが飾られているよ

足元にはオスカーのドアが。スペルのSがまちがっているところがかわいい

フレッドに "MIND THY HEAD, FRED！（フレッド、頭に気をつけろよ！）" のメッセージが

←5頭の名前が書かれたザ・ファイブベアラグズの楽屋。ぶら下がるサケはCMの報酬？

↑ショーではブランコで降りてくるテディ・バラ。楽屋の扉も天井にある

"HENRY. I'LL BE RIGHT BACK！（ヘンリー、ちょっと出かけるけどすぐに戻るわ！）" という伝言が

ワールドツアーで世界90か国を制覇したメンバーたちの新聞記事とスナップフォト

大スターの彼らがこれまでに訪れた国は90か国以上。発行部数158万部を誇る大新聞「PAWPRINT PICAYUNE」（熊の足跡新聞）に掲載された記事とワールドツアーの写真がボードに紹介されている。

日本ではビッグ・アルがまわしをつけて相撲にチャレンジ。横浜観光も楽しんだようだ

マウント・ラシュモア国立モニュメントには4人の大統領の代わりにメンバーの顔が岩壁に

ここはフランス、花の都パリ。エッフェル塔前の公演はパリジャンに扮して演奏したようだ

ジャズの街ニューオーリンズでは、ザ・ファイブベアラグズが本格的なジャズマンに変身

南米ブラジルではサンバのリズムにのって情熱的なコンサートを開催したようだ

ビッグ・アルはヘンリーとテディ・バラのデートの邪魔をしに水の都ヴェネツィアへ

トリキシーとテディ・バラはロンドンのバッキンガム宮殿を訪れ、衛兵と記念撮影

北極では、地元ホッキョクグマのロックスターとセッション。大喝采を浴びたよう

太陽の国メキシコではマラカスを手にマリアッチに扮して、演奏を楽しんだもよう

エジプトのカイロではラクダに乗って遺跡めぐり。見てきたのはクマのスフィンクス？

→ヘンリーの楽屋はとってもシンプル。テディ・バラの楽屋の向かいにある

ヘンリーの扉の上には相棒のアライグマのサミーの楽屋が。ちょうど帽子の上と同じ位置

棚の上にはテッドの空きびんや洗濯板などが。ぜーんぶコンサートで使う楽器のようだ

→3人娘のザ・サンボネッツの楽屋は、扉が横に3つ並んでいる

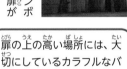

扉の上の高い場所には、大切にしているカラフルなバイオリンがかけてある

→ひときわ目立つグリーンの楽屋は "THE DUDE（きどり屋）" とあるアーネストの楽屋

扉の横に「お尻ふりコンテストに5年連続優勝」したことを示すプレートが飾られている

→お尻をふることからシェイカーともよばれるテレンスの楽屋。扉の形は体型に合わせて？

数々の賞を受賞して出演依頼も殺到か？

ミリオンセラーを記録し、念願のワールドツアーも大成功。カントリーベア・バンドの人気はうなぎのぼり。メンバーたちに出演のオファーが来ているようだ。宣伝ポスターがメッセージボードに貼られている。

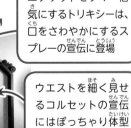

エチケットをクマ一倍気にするトリキシーは、口をさわやかにするスプレーの宣伝に登場

ウエストを細く見せるコルセットの宣伝にはぽっちゃり体型のトリキシーが抜擢！

なにかと背中がかゆくなるクマさんたち。ベアオールというクマ用消毒薬の宣伝に出演

リムジンで授賞式会場に現れ、フラッシュを浴びるメンバーたち

「ギタリスト求む！」手を怪我したウェンデルがメンバーを募集。あれ、その上に別のメッセージが。「ファンの皆さんへ。ボクはもう大丈夫、ありがとう。ウェンデル」

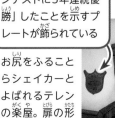

人間顔負けの演奏スタイルで心にひびくコンサートをお届け

カントリー＆ウエスタンとは、アメリカの郷土愛や古いものへの郷愁、素朴で美しい人情が歌われているアメリカを代表する国民音楽。なじみのある曲を18頭のクマたちが楽器を演奏し、歌ってくれる。トップバッターはゴーマー。ピアノで「ピアンジョー」の曲からコンサートがはじまる。

The Five Bear Rugs
ザ・ファイブベアラグズ

手作りの楽器を演奏するのは楽しいクマたちのバンド。五重奏という意味のバンドのメンバーは、ジーク、ゼブ、テッド、フレッド、テネシーの5頭。それぞれ手作りの楽器を持ち寄って陽気に演奏。その腕前は超一流。音を組み合わせれば、ゆかいな演奏会が開ける。

Band's Big Fan
カントリーベア・バンドの大ファン

右側の壁には、カントリーベア・バンドの大ファンのはく製が、毎回ショーがはじまるのを、首を長ーくして？待っている。ショーの盛り上げ役でもある。

BUFF バフ

3頭のリーダー的存在のバッファロー。早く演奏が聞きたくて口笛を吹いてつい催促してしまう、せっかちタイプ

MELVIN メルビン

見た目もしゃべり方もおっとりした天然系のヘラジカ。トリキシーのタイプは自分だとかんちがいしているようだ

MAX マックス

ヘンリーのよき友だちのトナカイ。クリスマスシーズンになると鼻に赤いランプをつけて登場する

Big Al ビッグ・アル

本名はビッグ・アルバート。メンバー内で最長老のお酒好き。眠たそうな目をしながら、みんなの演奏中に別の曲を歌ったり、音程がはずれてもおかまいなしのマイペースなクマ

Tennessee テネシー

テネシーが一生懸命ひいているのはファン。弦は1本しかないけれど、ベアバンドに欠かせない楽器のひとつ。ネックの先では小鳥がリズムに合わせて鳴いている

Terrance テレンス

またの名をシェーカー。いつもお尻をフリフリ動かしながら歌うため、バンドのメンバーからそうよばれている。太いまゆげを上下に動かしながら歌うのも彼の個性!?

Gomer ゴーマー

コンサートのはじまりを飾るのはゴーマー。得意のピアノで「ピアンジョー」を演奏。目の前に大好物のはちみつのツボが置かれているのが気になって、目線がちらちら動く

カントリーベア・バンドが演奏するのは全15曲

個性豊かなクマたちは楽器を演奏するだけではなく、独唱や合唱などで、自慢ののどを聞かせてくれる。カントリー＆ウエスタンの特徴は、歌詞がひとつの物語になっていること。悲しい愛の歌やユーモアたっぷりの歌など、さまざまなスタイルがあり、コンサートでは15曲を演奏してくれる。

Pianjo
●ピアンジョー（ゴーマーによるピアノ演奏）

The Bear Band Serenade
●ベアバンド・セレナーデ
（ヘンリーとザ・ファイブベアラグズ）

Fractured Folk Song
●フラクチャード・フォークソング
（ヘンリーとウェンデルのデュエット）

My Woman Ain't Pretty
●マイ・ウーマン・エイント・プリティ
（リバーリップスのソロ）

Mama, Don't Whip Little Buford
●ママ、小っちゃなビュフォードをぶたないで
（ヘンリーとウェンデルのデュエット）

Tears Will Be the Chaser For My Wine
●涙はワインの口直し（トリキシーのソロ）

Pretty Little Devilish Mary
●デビリッシュ・メアリー
（ジークとザ・ファイブベアラグズ）

How Long Will My Baby Be Gone
●いつ帰ってくるの恋人よ（テレンスのソロ）

All the Guys That Turn Me On Turn Me Down
●私にショックを与える男に会うたび…
（ザ・サンボネッツのコーラス）

If Ya Can't Bite, Don't Growl
●かじれないなら文句を言うな（アーネストのソロ）

Heart We Did All That We Could
●いとしい人よ、できることはしたんだよね
（テディ・バラのソロ）

Blood on the Saddle
●ブラッド・オン・ザ・サドル
（ビッグ・アルのソロ）

The Ballad of Davy Crockett
●デビークロケット
（ヘンリーとサミーのデュエット）

Ole Slew Foot
●オレ・スルーフット（合奏）

Come Again
●カム・アゲイン
（ヘンリー、サミー、バフ、メルビン、マックスの合唱）

Fred
フレッド

父親からもらったピカピカの形見のハーモニカ。だれになったわけではないが、なかなかいかしたいい音色を出す。おなかのふくらみや引っこみ具合も見るべきポイント

Teddi Barra
テディ・バラ

バラのつるがからまるブランコに乗って天井から登場するのは魅力的なスウィングの女王、テディ・バラ。西部の男を惑わせる甘い声はメンバー全員のあこがれの的

Ted
テッド

テッドの楽器は"ジャグ"とよばれる空きびん。古いくわを足でふみつけながら洗濯板までかき鳴らす。音が出ればこれも立派な楽器のひとつ。空きびんを吹くほおのふくらみにも注目

Henry
ヘンリー

ショーの司会進行を務めるジェントルマンのヘンリー。個性豊かなバンドメンバーのまとめ役。ザ・ファイブベアラグズと「ベアバンド・セレナーデ」を歌い、のんびり屋のウェンデルと「フラクチャード・フォークソング」をデュエットする

Zeb
ゼブ

ゼブが演奏するのはちょっと変わったバイオリン。弓は庭で見つけたヒッコリーの枝でこしらえたもの。膝の上に置きながら、意外といい音を出して演奏している

Summy
サミー

ヘンリーの頭に乗っているのはアライグマのサミー。「デビークロケット」をヘンリーとデュエットする

Zeke ジーク

バンドのリーダー、ジークの楽器はバンジョー。カントリーミュージックのリズムで、洗いおけまでたたいてしまう。カントリービートにのって足をふみ鳴らす男前だ

Oscar オスカー

楽団のマスコットのかわいい子グマ。曲が終わると、クマのぬいぐるみをプップーと鳴らしてコミカルにしめくくる

Liverlips McGrowl
リバーリップス・マックグロウ

自称クマ界のエルビス・プレスリー。ギタリストで、唇を突き出しながら歌うのが特徴的。カントリーミュージックを代表する「マイ・ウーマン・エイント・プリティ」をクールに披露

Wendell
ウェンデル

お調子者でのんびり屋。マウンテンソングの「ママ、小っちゃなビュフォードをぶたないで」はヘンリーとデュエットするのだが、歌うのはワンコーラスだけ

The Sun Bonnets ザ・サンボネッツ

太陽の国フロリダからやってきたかわいいトリオは、左からバブルス、バニー、ビュ―ラの3人娘。美しいハーモニーで観客を魅了する。世の中でいちばん嫌いなのはクモのようだ

Ernest アーネスト

バイオリンの名手。目をキョロキョロさせながら華麗にバイオリンを演奏する。ツアーのたびにたくさんの衣装を持ち歩くので"Dude（きどり屋）"とよばれているらしい

Trixie トリキシー

失恋してばかりいるレディーのクマは、歌唱力抜群で胸にジーンとくる失恋ソングが得意。片手にはワイングラスを、もう片方の手にはハンカチを持ってしっとりと歌う

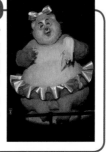

↑楽屋にあるクマの掲示板には、里親募集や、4歳のパンダからのファンレター、「狩猟シーズンのお知らせ」などが貼られている

Big Thunder Mountain

ビッグサンダー・マウンテン

かつての活気が失われた岩山を 突如無人の鉱山列車が暴走する

　時はゴールドラッシュが過ぎ去った1880年代。一攫千金を夢見た男たちの歓声やため息を包みこんだ赤茶けた岩山は、いまはひっそりそびえ立っている。鉱山会社「ビッグサンダー・マイニングカンパニー」の建物は閑散としていて、天井に張りめぐらされたパイプダクトの錆に年季を感じる。その奥で、ガタンと音を立てて、機関士のいない鉱山列車が、人気のない坑道へと走りだした。

　スピードがゆるんで、ホッとするのもつかの間、列車は地上へ向かって、急な坂を上りだす。眼下には美しい鍾乳洞、それに見とれていると前方では岩の裂け目から水が噴き出している。一気にスピードを上げて走りはじめると、縦横無尽にアップダウンをくり返し、車輪のきしむ音や、体が浮き上がるような感覚に襲われながら、サボテン峡谷を一気に抜ける。洞窟に入ると、コウモリに襲撃されたり、ガラガラと音を立てながら、坑道の出口をもふさいでしまいそうな地震が起こる。線路を外れそうなスピードに、悲鳴を上げずにいられるか？

Main Butte
メインビュート

➡そびえ立つ岩山の中腹から飛び出し、列車が一気にスピードを上げて、コウモリのいる暗闇の洞窟へと突入する

メインビュートとは中央にそびえ立つ岩山のこと。雷神が怒ると雷が落ちるとうわさが

Mining Tools
採掘道具

⬆鉱石粉砕機やエアコンプレッサー、水車など、点在する採掘道具は、1800年代にアメリカの鉱山で使われていたものばかり

Tools
工具

⬆ガランとした駅舎には、工具が置かれている。壁にはバールやレンチなども。油まみれになって必死に働いた男たちを連想させる

Limestone Cave
鍾乳洞

⬇列車が鍾乳洞に入ると、闇の向こうにうっすら輝くものがある。それは無数の石筍やつらら石。しずくが燐鉱プールに波紋を広げる

Miner's Hut
鉱夫の小屋

➡線路の横に建てられた小屋に鉱夫のものらしい洗濯物が干されている。もしや夢を捨てきれずにまだ金塊を探している者がいるのでは？

Bighorn Sheep Butte
ビッグホーンシープ・ビュート

➡岩山の中腹にビッグホーンシープの親子の姿を発見できる。岩山のてっぺんにはオスの姿が。山中で聞こえる遠吠えはコヨーテのようだ

Opossum Tree
オポッサム・ツリー

◀木の根にしがみつくオポッサム。その木の上には超ウルトラ大回転をするオポッサムもいる。猛スピードのなかで発見しよう

天に向かって勢いよく噴き出す間欠泉。険しい崖の中腹に、硫黄が堆積してできた地表がいくつも連なっている

Dinosaur Fossil
恐竜の化石

◀暗闇の洞窟を抜けると、まぶしい光のなかに巨大な恐竜の骨が突き出しているのが見える。鋭くとがった骨をかすめながら通過する

岩山からむき出しになった恐竜の骨は、肉食恐竜ティラノサウルスの化石。その大きさを実感できる

自然の風化作用でできたナチュラル・アーチ・ブリッジ。ユタ州からアリゾナ州にかけて広がるモニュメント・バレーを彷彿させるロケーションだ

Cactus Canyon
サボテン峡谷

◀遠心力にあらがいながら、猛スピードで急カーブを曲がるところはサボテン峡谷。さまざまな種類のサボテンがある

ベンケイチュウ、タマサボテン、ヒラウチワサボテンなど多くのサボテンが根を張る荒野をヘアピンカーブを描きながら疾走

ゴールドラッシュの史実と物語が融合した

「ビッグサンダー・マウンテン」のアトラクションストーリー

その昔、ネイティブ・アメリカンはこの山を"聖なる山"として崇め、この山に踏みこむ者は雷神の怒りに触れる、と恐れられていた。金に目がくらんだ者たちがこの山に入り、金塊を根こそぎ持ち去ろうとすると、山は怒り、大地を揺るがした。いつしか人々は雷神が守るこの山を「ビッグサンダー・マウンテン」とよぶようになった。大西部を駆け抜けたゴールドラッシュ。史実から冒険につながる物語を紹介しよう。

新聞記事からはじまったアメリカのゴールドラッシュ熱

"すばらしい金鉱が見つかった！"カリフォルニアの地方新聞にわずか10行ほどの小さな記事が掲載されたのは1840年代の終わりにさしかかったある日のことだった。この記事は、アメリカ国内はもとより、またたくまに世界中に広がり、人々の目はいっせいにアメリカ西部へと向けられ、夢想家や冒険家の心を大きく刺激した。「そこには砂金や金塊がごろごろしている」そんなうわさが広がり、一攫千金を夢見る者たちは、家を捨て、家族を捨て、土地を捨てて、カリフォルニアに殺到した。人口700人たらずだったカリフォルニアは、わずか1年のうちに10万人以上にふくれ上がり発展していく。彼らが口をそろえて発した合い言葉は"Go West！（西を目指せ！）"。それ以降も金鉱が発見され、黄金熱に浮かされた人々があとを断たずに押し寄せてきた。新聞記事の翌年の1849年、こうしてアメリカのゴールドラッシュで金塊を探しに集まってきた者たちを、その年にちなんで、"フォーティーナイナーズ"とよぶようになった。

ゴールドラッシュは金塊を探す人々の運命を変え、アメリカをも大きく変えた

フォーティーナイナーズのなかには、運よく金塊を見つけて鉱夫から政界入りした者や牧場主になった者、銀行を開業して成功した者もいた。彼らはその土地に丸太小屋を建てて、鍛冶屋や教会、町役場を作り、ひとつの町を形成した。やがて劇場ができると、人々を楽しませる楽団や旅芸人が立ち寄るようになり、町から町へと音楽を運んだ。

ゴールドラッシュは、金塊を探す人々の運命を大きく変えただけではなく、アメリカという国自体にも多大な影響を与えた。急激な人口増加によって、1850年にカリフォルニアはアメリカ合衆国31番目の州に昇格。また、西を目指す人々の大移動で、アメリカ大陸横断鉄道の敷設作業がオハマとサクラメントの東西から同時に進み、1869年にめでたく開通。ゴールドラッシュによってアメリカは飛躍的な発展を遂げた。人々に大きな夢とロマンを与えた西部という土地は、未知なる可能性と自由の象徴として、いまもアメリカ人の心に強く生き続けている。

19世紀の史実から「ビッグサンダー・マウンテン」の物語がはじまった

「ビッグサンダー・マウンテン」の舞台はゴールドラッシュが過ぎ去った1880年代。かつては一攫千金を狙う多くの者たちであふれ返っていた鉱山も、いまは廃坑寸前となりひっそりと静まり返っている……のはずが、坑道に入ると、なにか物音が。地下から鉱山列車の車輪のきしむ音が聞こえてくる。まだ夢を追い続ける者がいるのかもしれない――。夢とロマンと開拓精神（フロンティアスピリット）がそのまま「ビッグサンダー・マウンテン」という形で再現されている。さあ、開拓者の気持ちになって、鉱山列車に乗りこもう！

ある少年の夢と情熱が鉱山に無人の列車を走らせた

ウォルト・ディズニーという、"ひとりの男の夢"の集大成がディズニーランドであったように、この「ビッグサンダー・マウンテン」もひとりの青年の幼いころの夢から生まれたアトラクションだ。青年の名はトニー・バクスター。彼もウォルトと同じように、機関車に夢中になったひとりだった。少年のころ、

トニーは精巧な機関車の模型がほしかったのだが、高価で自分のおこづかいではとても買うことができなかった。そのため、ビー玉の列車を、工夫をこらした迷路仕立ての線路に走らせて遊んでいたのだ。やがてトニーはカリフォルニア州立大学に入学し、舞台装置のデザインを学んだ。卒業するころには、迷

路のビー玉列車は、クルミの木で作った5分もの時間を要する立派な模型に成長していた。これが当時のWED Enterprises（現ウォルト・ディズニー・イマジニアリング）の技術部門の目にとまり、トニーをモデル・ビルダーとして採用することになった。少年のころに作ったビー玉列車は、スタッフたちにアイディアとストーリーを加えられ、大西部を疾走する「ビッグサンダー・マウンテン」に生まれ変わったのだ。1979年にカリフォルニアのディズニーランド、翌年にはフロリダのマジックキングダムに登場。そして両パークのすぐれた部分が融合され、1987年、東京ディズニーランドに「ビッグサンダー・マウンテン」が誕生した。

Westernland Shootin' Gallery

ウエスタンランド・シューティングギャラリー

開拓時代のサルーン（酒場）を舞台にガンマン気分で腕試し

「ビッグサンダー・マウンテン」のふもとにあるサルーンは、西部開拓時代の酒場をイメージした射撃場。長いカウンターにはウインチェスター銃が19丁も並んでいる。手に取れば、ずっしりと重いその重量感に驚くはずだ。カウンター越しにある標的は全部で62。赤く光る的を狙い、見事命中すると、音楽が流れたり、鳴き

声を上げたり、なかからなにかが飛び出してきたり、意表をついたさまざまな反応がある。立ち飲み専用のカウンターにはビールを片手に居眠りするバーテンダーがいて、ロッキングチェアには居眠りをする保安補佐官のジークがいる。どんなリアクションをするかは、彼らのそばにある標的に当たってからのお楽しみ。

腕に自信があるなら動く標的を。確実に10発命中させるなら、止まっている標的を慎重に狙おう。シューティング終了後、グーフィーのメッセージ入りスコアカードがもらえるのでお楽しみに。

このカウガールの名前はアニー・オークレイ。西部開拓時代に名を馳せた射撃の名手

サルーンにある的をチェック！

→ゲームは1回200円。利用できるのは現金のみ

←成績に応じて、グーフィーからメッセージ入りスコアカードがもらえる

このカウボーイは同時代のアメリカの有名なエンターテイナー、バッファロー・ビル

左側

● **ラシュリー・ラッシュウェル3世**
3代目のラシュリー・ラッシュウェルが壊れた窓からサルーンをのぞく。右上のランプも狙え

● **柱の上のコンドル**
"shoot at will" とは思いのまま撃てという意味。当たると音を持ち上げてガーガー鳴く

● **留置所の鍵**
居眠りをしている保安補佐官のジークの膝の上のショットガンが発砲して目を覚ます

● **金庫の上の踊るブーツ**
金庫の上には脱いだブーツがのっている。当たるとメロディーが流れ、ブーツが踊りだす

中央

● **たる**
カウンターの後ろのたるのなかからガイコツが飛び出し、なんとジョッキの酒を飲む

● **動くギター**
バーカウンターの前に立てかけてあるギターが揺れながら曲を奏でる

中央

● **牛の頭とガイコツ**
バーテンダーの頭上のはく製が鳴き声を上げる。右側のガイコツは目の前のリンゴをかじる

● **スロットマシン**
コインが落ちる音がしてスロットマシンが回転し、ジャックポット（大当たり）で止まる

右側

● **たるのなかの苦い水**
たるのなかからスキューバダイバーが現れる。どんなリアクションをするのかが楽しみ

● **ボトルのなかの幌馬車**
なんとボトルのなかの幌馬車がネイティブ・アメリカンの襲撃を受ける

● **壁の絵**
壁にはドーリーとプリッシーの絵があり、命中するとそれぞれの絵が2度変わる

● **ダイナマイトの箱**
ダイナマイトの箱に命中すると、後ろのたるのなかから爆発音とともに鉱夫が現れる

CRITTER COUNTRY

その昔、"チカピンヒル" とよばれた アメリカ河のほとりに広がる小動物の郷

クリッターカントリー

アメリカ河に面した「スプラッシュ・マウンテン」の裾野に広がる原野がクリッター（小動物）たちの住みか。彼らは木の上や岩の陰、切り株などを利用して個性的で居心地のいい家を作って暮らしている。足跡を追うとクリッターたちの家にたどり着き、その暮らしぶりがわかるはずだ。人間がクリッターカントリーを訪れるようになったいまも、彼らの生活は変わらない。今日も料理の名人ジャコウネズミのサラおばあちゃんはキッチンで料理をふるまい、元地酒密造者のアライグマ、ラケッティはソフトドリンクを販売している。アメリカ河沿いの船着き場では、天才建築家のビーバーブラザーズが主宰するカヌー探険が楽しめると評判だ。

Laughing Place Lookout

「スプラッシュダウン・フォト」付近の広場には、ブレア・ラビット、ブレア・フォックス、ブレア・ベアがいる

Beaver Brothers CONSTRUCTION COMPANY

ここはビーバーブラザーズ建設会社。ハンマーと刺さったままの両手挽きノコギリが目印だ

Rackety's Raccoon Saloon
ラケッティのラクーンサルーン

Splashdown Photos
スプラッシュダウン・フォト

Beaver Brothers Explorer Canoes
ビーバーブラザーズのカヌー探険

BEAR ANGLER

クマの釣り客。「蒸気船マークトウェイン号」が来るタイミングで並んで記念写真を撮ろう

Critter's House

「ウエスタンリバー鉄道」が通る上に木をまたがせた陸橋の役目も果たすクリッターの家

Critter Car

クリッターカーは、丸太で作られた車のようだ。キャンプ道具を積んで、これから出発するところかな？

大きな石に囲まれた洞窟をよく見ると、ブレア・ベアの表札が

The Big Splash

いくつも滝があるなかでもっとも大きい滝の落差は約16m、最大傾斜45度。ゲストは水しぶきをいっぱい浴びながら滝つぼへ

Splash Mountain
スプラッシュ・マウンテン

The Briar Patch

丸太のボートが向かう滝つぼの前には、いばらの茂み。"笑いの国" は意外と身近なところにあった

サラおばあちゃんの家は、切り株の上にある石造りの家。煙が出たら料理を食べに行こう！

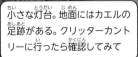

小さな灯台。地面にはカエルの足跡がある。クリッターカントリーに行ったら確認してみて

Grandma Sara's Kitchen
グランマ・サラのキッチン

倒木を使った細長い家はブレア・ゲーターの家のようだ。右手に表札と、扉を確認できる。落下したボートが通る川岸にある

Splash Mountain

スプラッシュ・マウンテン

丸太のボートに乗って ゆかいな冒険の旅に出発

その昔、「スプラッシュ・マウンテン」は"チカピンヒル"とよばれる丘だった。あるクリッターが大きな失敗をするまでは……。うっかり者のアライグマのラケッティは元地酒密造者。ある日、ラケッティが密造酒を作っていたときに、うっかり蒸留器を爆発させてしまったのだ。運が悪いことに蒸留所の前には、ビーバーブラザーズが建設したばかりのダムがあり、爆発の影響でダムは決壊。せき止めていた水が洪水のように流れ出てしまったのだ。そのせいで、チカピンヒルにはりめぐらされていた数多くの穴や洞窟は水びたしになってしまった。以来、クリッターたちはチカピンヒルの丘を「スプラッシュ・マウンテン（水しぶきの山）」とよぶようになったのだ。ビーバーブラザーズはダムに使われていた丸太を削り、山の裾野に広がる沼地や湿地をめぐるボートを作った。冒険のラストは滝つぼをめがけて急流下りに挑戦することになる。

蒸留器を爆発させた ラケッティのその後……

樽のなかから顔を出しているのがラケッティ。彼が蒸留器を爆発させた張本人だ

お酒の密造中にちょっとしたミスで蒸留器を爆発させ、"チカピンヒル"を水びたしにしてしまったアライグマのラケッティ。いまではすっかり心を入れ替えて密造酒の仕事から手を引き、山のふもとでソフトドリンクと軽食を販売する「ラケッティのラクーンサルーン」を営んでいる。この小屋は、ラケッティや彼の友だちによって建てられたそうだ。

↑「ラケッティのラクーンサルーン」は「スプラッシュ・マウンテン」の出口付近にある

滝の落差は約16m。最大45度の急斜面を最高時速約62kmで丸太ボートが一気に落ちるスリル感がたまらない

↑落下の瞬間、郷の名カメラマンがゲストの恐怖の表情を撮影している

滝の近くでゲストの恐怖の瞬間を撮影しているのはシャッターバグ

その名はフィニアス・ファイアーフライ。クリッターカントリーに住む写真家のホタルで、"シャッターバグ（写真の虫）"はニックネーム。明るく光るお尻を利用して、決定的瞬間をフラッシュ撮影している。絶叫した写真を本人たちにも見せてあげたらもっと楽しいだろうと考えて「スプラッシュダウン・フォト」を開いたのだ。以来、毎日いばらの茂みに隠れて、パークの思い出作りにひと役かっている。

看板の上にあるのがフィニアス・ファイアーフライの家。家の前でカメラを構えているのが本人

屋根の上、この左側にはカメラをかたどった風見が。E・W・S・Nは東西南北を示す

↑「スプラッシュダウン・フォト」のカウンターの後ろに、愛用のカメラが並んでいる
➡扉からつながっているロープには、クリッターたちの写真が。扉の奥は現像室かな？

↑裏側に回ると2階建てのテラスが。蒸気船などを眺めているのかも

Beaver Brothers Explorer Canoes

ビーバーブラザーズのカヌー探険

キャストのコスチュームは19世紀の北米の開拓者マウンテン・マンをイメージしたもの

↑ネイティブ・アメリカンが川を移動する主な手段として使っていたカヌーに乗って旅に出る

カヌーは全長35フィート（約10.7m）、16人乗り。全長約700mのアメリカ河を一周する

カヌーの船首と船尾にはネイティブ・アメリカンの部族を連想させる絵が描かれている。ゲストが乗るカヌーはビーバーにちなんだデザインになっている

みんなで力を合わせて
アメリカ河を進むカヌーの旅

　雄大なアメリカ河を、カヌーをこぎながら周遊する探険ツアー。ゲストが乗るカヌーは、1800年代にネイティブ・アメリカンが交易や生活するのに使っていたカヌーをモデルにデザインされている。コースはアメリカの荒野やオールドウエストをめぐる「アメリカ河」一周の旅。途中で川辺に生息するムース（ヘラジカ）やエルク（大ジカ）、プレーリードッグなど、西部の大自然をかいま見ることができる。ゲストを案内するのはパドル操作ならおまかせのフロンティアガイドたち。彼らの号令に合わせてパドルをこげば、ワイルドなアメリカの風景に出会えるはずだ。ビーバーブラザーズとは、クリッターカントリーでは天才建築家で知られるビーバーの兄弟のこと。2匹の名前はクラレンスとブリュースター。カヌー探険の乗り場近くに2匹のオフィスがあり、建設会社を営みながら、カヌー探険の事業をスタートさせた。彼らの肖像画が「グランマ・サラのキッチン」で見られる。

カヌーに荷物や資材を積み下ろすための滑車が吊り下げられている。運搬のために手押し車が置かれている

➡アメリカ河に面した、船着き場のそばの建物は「ビーバーブラザーズ建設会社」のオフィス

囲いのなかにはクリッター用のカヌーが係留されている。丸太の支柱にはビーバーの歯形がある

看板には兄弟のモットー"Eager to Build our Reputation（信用を築くことに熱心であれ）"とある。彼らのモットーはアメリカ人がよく使う表現で"Eager beaver"はがんばり屋、働き者を意味するほめ言葉

カヌーの後ろには木を重ねて作った巣がある。カヌー探険に出かけるときによく見える

←ビーバーブラザーズ建設会社で働く3匹のビーバーたち。目印の看板を作っているようだ

「Beaver Brothers Explorer Canoes」の文字をカヌーのへり越しから確かめるまじめなビーバー

一生懸命かじりすぎてカヌーの底に穴を開けてしまったよう。頭を底から突き出している

ビーバーブラザーズのカヌー探険

「グランマ・サラのキッチン」も ビーバーブラザーズの傑作！

カヌー乗り場からゆるやかな坂道を上がるとサラおばあちゃんの店がある。クリッターカントリーではいちばんの料理の腕の持ち主だ。もともとはクリッターたちに料理をふるまっていたサラおばあちゃんだったが、秘密のレシピを使った料理が評判となり、ビーバーブラザーズに住みかの拡張と改善を頼んで「グランマ・サラのキッチン」を開いた。1階はリビングルームや地下貯蔵庫、2階は仕事部屋や食料貯蔵庫、図書室はダイニングエリアとして改装。ビーバーブラザーズの技術とセンスが生かされた造りになっている。階段の途中には、彼らの肖像画が飾られている。「ビーバーブラザーズのカヌー探険」で汗を流して、「スプラッシュ・マウンテン」で絶叫したら、次の冒険へ向かうための腹ごしらえはサラおばあちゃんの店に決まりだ。

ティーポットから顔を出すサラおばあちゃんの看板

料理を作りはじめると煙突から煙が出てくる。煙の出る煙突のある家はもうひとつある

↑山のなかに作ったカントリー調のレストラン。出入り口が5つもあるのは、ジャコウネズミのサラおばあちゃんの店ならでは!?

おいしいにおいに誘われてクリッターたちが集まり、店内に住みはじめた者もいるようだ

↑サラおばあちゃんとザカライアさんが看板をかけている様子

椅子に座ったまま居眠りをしているのはサラおばあちゃんの夫のザカライア・マスクラットさん。読んでいる本は『Critter Tails』。お話のテイルのスペルは正しくはtale。Tailは尾。つまりクリッターの尾話というダジャレ？ 笑いを浮かべているところをみるとおもしろい話のようだ

↑店内の壁や天井は木や幹、枝、岩など、自然の素材を組み合わせたアットホームな造り。壁にはスパイスやハーブを収納する作りつけの棚も

↑天才建築家のビーバーブラザーズの肖像画。階段の途中に飾られている

ビーバーブラザーズの唯一の大失敗が大黒柱の寸法をまちがえたこと。応急処置で大きな石を挟んでいる

↑平和な雰囲気が広がる"チカピンヒル"の風景画。これも階段の途中に飾られている

FANTASYLAND

ディズニー映画の世界を体験できる
夢と幻想がぎっしりつまったおとぎの国

ファンタジーランド

シンデレラ城の向こうはおとぎの国が広がるファンタジーランド。『シンデレラ』や『ピノキオ』『白雪姫』など、物語の舞台となったヨーロッパ風の建物が並んでいる。街角にディズニーキャラクターが現れれば、ゲストはたちまち物語の住人になったような気分になれるはず。さまざまなおとぎ話を題材に映画を作ってきたウォルト・ディズニーは、ディズニーランドを通して、映画や絵本のなかでしか会えなかったキャラクターたちと会える、夢の世界を現実のものにした魔法の仕掛け人。その魔法はここ東京ディズニーランドにもしっかり届いている。あきらめずに、願えばかなうことの大切さを教えてくれるエリアだ。

Queen of Hearts
Banquet Hall
クイーン・オブ・ハートの
バンケットホール

Haunted Mansion
ホーンテッドマンション
☆

Dumbo The
Flying Elephant
空飛ぶダンボ
☆

Castle Carrousel
キャッスルカルーセル
☆

Peter Pan's Flight
ピーターパン空の旅
☆

Snow White's ☆
Adventures
白雪姫と七人のこびと

Mickey's
PhilharMagic ☆
ミッキーのフィルハーマジック

Cinderella's Fairy Tale Hall
シンデレラのフェアリーテイル・ホール
★

Cinderella Castle
シンデレラ城

Snow White Grotto

「白雪姫のグロット」ではときどき白雪姫の美しい歌声が聞こえてくる。日没後はライトアップされてロマンチックな雰囲気に

Castle Forecourt
★

キャッスル・フォアコートはシンデレラ城前にある広場のこと。パレード中は「オムニバス」が停車し、フォトスポットになることもある

"it's a small world"
イッツ・ア・スモールワールド

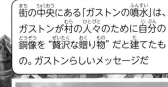

街の中央にある「ガストンの噴水」は、ガストンが村の人々のために自分の銅像を"贅沢な贈り物"だと建てたもの。ガストンらしいメッセージだ

映画のなかでベルが読んでいた本をかみちぎった羊が迷子になったのかも？張り紙を発見

Beauty and the Beast Castle

村のはずれの深い森にある「美女と野獣の城」。魔女の魔法によって、どこか不穏な雰囲気が漂う

石のアーチはベルが暮らす村と野獣の城がある深い森の境界線になっているよう。雰囲気が一変する

Alice's Tea Party
アリスのティーパーティー

★ **Pooh's Hunny Hunt**
プーさんのハニーハント

★ **Pinocchio's Daring Journey**
ピノキオの冒険旅行

父親を捜しにきたベルが、野獣にとらわれた父親の身がわりになり、野獣がモーリスを村へ強制的に帰らせるために乗せた鉤爪脚の馬車

★ **Enchanted Tale of Beauty and the Beast**
美女と野獣 "魔法のものがたり"

● **Fantasyland Forest Theatre**
ファンタジーランド・フォレストシアター

ベルと父親のモーリスが暮らす家。大きな水車や井戸がある家のなかでは、モーリスが発明品を開発しているようだ。たまに爆発音が聞こえてくる

「La Bell Librairie」リブレリーはフランス語で本屋のこと。看板のイメージから、ベルが通った本屋のようだ

ブーランジェリーとはフランス語でパン屋のこと。映画に出てきたパン屋の看板がある

モーリスが森のなかで迷い、野獣の城へ行く原因となった道しるべ。確かに文字がかすれて見えにくい

Enchanted Tale of Beauty and the Beast

美女と野獣 "魔法のものがたり"

城ごと呪いにかけられた
ベルと野獣の愛と奇跡の物語

　深い森のなかに、美しくも不穏な雰囲気を漂わせるお城がひっそりとたたずんでいた。そのお城に住んでいたのは、魔女の魔法によって野獣の姿に変えられてしまったわがままな王子と、城の家来たち。魔女の呪いを解くためには、王子が人を愛し、愛されなければならない。魔女が差し出した一輪のバラの花びらがすべて落ちてしまう前に……。

　「美女と野獣 "魔法のものがたり"」は、ディズニー映画『美女と野獣』をテーマにしたアトラクションだ。深い谷にかかる石橋を渡り、はじめてベルが城に足を踏み入れたときのように、ゲストは怪しげな城内を歩いてまわる。「応接室」や「朝食部屋」「鎧の廊下」を通り「玄関の広間」へ……。ここでステンドグラスを見ながら物語のあらすじをふり返る。ベルのためにシェフが料理を作る「キッチン」で、ゲストは動く魔法のカップに乗る。映画の名曲に合わせてダンスを踊るように揺れながら、まるで映画の登場人物のひとりになったような気分で物語を体験する。

魔女に呪いをかけられた
お城は "ものがたり" の舞台

Beauty and the Beast Castle
美女と野獣の城

唯一、この城の尖塔に平和を象徴する鳩の彫刻が

野獣がベルには絶対に入ってはならぬといった「西の塔」

門番のように城の入り口の両脇に、獅子の胴体にワシの頭と翼を持つグリフィンの姿が

呪われた城の周辺を見渡すとゴブリンがあちこちに。城の上部にもゴブリンが見える

　ある晩、城に老婆が訪ねてきた。その見た目のみすぼらしさから、わがままな王子が追い返そうとすると "見かけにだまされて人の心の美しさを見逃してはいけない" と、老婆は美しい魔女の姿に変身し、王子を恐ろしい野獣の姿に変える呪いをかけた。

「応接室」で静かに見守る
コグスワースとルミエール

Drawing Room
応接室

　城内に入ったゲストは調度品が並ぶ応接室へ。大きな暖炉の上には目を閉じてじっと息をひそめる執事のコグスワースと元給仕頭のルミエールの姿がある。ここは映画のなかで、ベルの父親が城を訪れ、暖をとった場所。椅子の前には犬だったサルタンがいる。

気づかれないようじっとしているコグスワースとルミエール。ベルの父親が訪ねてきたときもそうだった

ひじ掛け椅子の前に置かれたフットスツールは、呪いをかけられた犬のサルタン

映画のなかで野獣の髪の毛をカットしていた、シルクハットがお似合いの帽子かけ

テーブルの上にはチップとポット夫人が。チップはカタカタと音を立てて動いてしまう

ベルと野獣がほほえましく
朝食をとった食堂

Breakfast Nook
朝食部屋

　ベルと野獣が一緒に朝食をとった食堂。赤いカーテンとゴージャスなテーブル、グリーンの椅子は映画と同じ。映画のなかで、野獣の不器用な食べ方にベルがやさしくほほえむと、野獣の、内に秘めたやさしい心が芽生え、少しずつ人間らしさを取り戻していく。

居眠りする甲冑もいれば、おしゃべりする甲冑もいる
Armory Hallway
鎧の廊下

映画のなかで、「ひとりぼっちの晩餐会」のあと、ベルがコグスワースに城内を案内してもらったときに通った廊下。英語、日本語、フランス語でおしゃべりが聞こえてくる。なかにはいびきをかいている甲冑もいるようだ。反対側の甲冑が小声で起こそうとしている。

↑じっとしている甲冑も、ひとりが話しはじめると、みんなが口を開いておしゃべりがはじまる
➡武器のなかにはミッキーシェイプらしきものが

ベルについてポット夫人とチップがおしゃべり
Laundry Room
洗濯場

シーツに映っているのは、ポット夫人とチップのシルエット。ここは、洗濯板やたらい、しぼりき器などが置かれた洗濯場。チップはポット夫人に、城に女の子がきたことについて話している。

野獣が晩餐会に誘いにベルの部屋へ
Residential Hallway
生活エリア

野獣は晩餐会に誘いにきたのだが、ベルは誘いを拒絶。怒り狂う野獣の影が廊下に映る。その様子をそっと見守るコグスワースとルミエール。映画のなかでは野獣に「もっとやさしく、紳士的に」とアドバイスをする。

ベルと野獣が出会う大階段 物語のプロローグがわかる
Grand Foyer
玄関の広間

魔法によって王子がみにくい野獣の姿になり、城ごと呪いにかけられた物語のプロローグが大階段のステンドグラスに映し出される。左手のテラスには、父親を捜しにやってきたベルが現れ、反対側のテラスには野獣が現れる。

ランタンを手にやってきたベルが、城のなかで見たのは恐ろしく巨大な野獣

大階段の踊り場にあるステンドグラスに、『美女と野獣』の物語のプロローグが語られる

映画のなかでベルと野獣がドレスアップして手を取り合ったシーンが浮かぶ

「この家の主人だ」と伝えて顔を見せると、ベルは驚いて逃げ出してしまう

Chef
シェフ

ここは魔法のカップ乗り場 ディナーの用意がはじまる
The Kitchen
キッチン

腕によりをかけて料理を作ろうとしているのは、魔女の魔法によってコンロに変えられたシェフ。ひげをたくわえ、太い眉を寄せた城の調理長だ。コンロに火をつけディナーの準備に大忙し。

野獣の爪痕だけが残る「西の塔」のカギ

「西の塔」といえば魔法のバラの花がある野獣の部屋。ベルに絶対に入ってはいけないと忠告した場所だ。爪痕だけが残るところを見ると、カギは野獣があわてて持ち去ったのだろう。表記されている文字はフランス語だ。

Porte d'entrée 正面玄関
Cuisine 厨房
Salle à manger ダイニングルーム
Buffet 朝食部屋
Entrée 玄関の広間
Salon 応接室
Salle de bal ボールルーム
Chambre d'armure 鎧の廊下
Bureau 生活エリア
Bibliotheque 図書室
Parloir 談話室
Chambre des maîtres 洗濯場
Aile Nord 北の塔
Aile ouest 西の塔（爪痕が残り、カギはない）
Aile Sud 南の塔
Aile est 東の塔

美女と野獣 "魔法のものがたり"

ルミエールたちがもてなす
ゆかいな晩餐会

Dining Room
ダイニングルーム

もてなし上手な元給仕頭のルミエールが、執事のコグスワースやもとは料理番のポット夫人たちと一緒に、特別なゲストであるベルのために、にぎやかで楽しい晩餐会を開こうとしている。名曲「ひとりぼっちの晩餐会」の音楽に合わせて、皿やカップなどダイニングじゅうがベルの心を元気づける。

ルミエールのあいさつから豪華な歓迎パーティーがスタートする

チップもベルが晩餐会にきてうれしそう。ごちそうが並ぶボウルのなかではしゃいでいる

コグスワースは、映画と同じようにテーブルの上のゼリーに頭から突っこんでしまった

テーブルの上ではお皿はもちろん、花瓶や羽根ばたきも踊り、シャンパンの泡が吹き上がる

ベルのそばにはポット夫人が。音楽に合わせてくるくると回りながらダンスを踊る

雪がつもる城の庭で
ふたりに愛が芽生える

Snowy Castle Grounds
雪におおわれた庭

雪がつもった城の庭で小鳥たちとたわむれる野獣。やがてベルとの間に愛が芽生えはじめる。みにくい野獣の姿を恐れず、そばにいてくれるベルの心の美しさに気づいた野獣と、見かけは怖いが野獣のやさしさに心をなごませるベル。

↑雪のなかで馬のフィリップに触れるベル。なぜか憎めない野獣にベルは心ひかれる

←ベルがそばにいてくれることによって、小鳥たちとも触れ合えるようになった野獣

美女と野獣 "魔法のものがたり"

音楽に合わせて食器棚の扉が開き、なかのお皿もリズムをとりながら踊っている

Belle
ベル

野獣にはなにも食べないと言ったものの、おなかがすいてダイニングルームへきたベル

ポット夫人
Mrs. Potts

ベルからの告白で
野獣の運命が一変する

　愛することを学び、愛されることができた野獣。魔女にかけられた呪いが解け、人間の姿に戻った王子は、豪華なボールルームで召し使いたちに見守られながら、ベルとダンスを踊る。ロマンチックなダンスの余韻に浸りながら、魔法のカップはフィナーレへと向かう。

↑魔法のカップを降りると、お城は明るさを取り戻し、紋章のバラも色を取り戻したのがわかる

ベルこそが王子の運命の人。「言ったとおりになったな」とよろこぶコグスワースとルミエール

Cogsworth
コグスワース

野獣がベルの手をとる姿を、そっと温かく見守るポット夫人とチップもいる

心を寄せ合う夜のバルコニー

　ベルとの幸福な時間を過ごす野獣は、彼女となら愛し愛されることができるかもしれないと思う。華やかな衣装で身を飾り、満天の星を見上げながらバルコニーで寄りそうふたり。夜空には流れ星がきらめく。そんな幸せもつかの間、野獣を退治に城に向かう村人たちの足音が聞こえてくる……。

"it's a small world"

イッツ・ア・スモールワールド

映画の主人公にも会える
世界一幸せなクルージング

ボートに乗ってわずか10分間で世界一周旅行の気分が楽しめる「イッツ・ア・スモールワールド」は、世界で一番幸せな船旅を体験させてくれるアトラクション。東京ディズニーランド開園当時から絶大な人気を誇り、2018年にリニューアル。新たにシンデレラやアラジン、ムーランやアリエルなど、約40体のディズニーキャラクターが加わり、もっとにぎやかに、もっとハッピーに生まれ変わった。ゲストの乗ったボートは、ヨーロッパからはじまり、アジア、アフリカ、中南米、そして南太平洋の島々をまわっていく。子どもたちがそれぞれの国を代表する民族衣装を着て、踊りや習慣でその国を表現し、その国の言葉で「小さな世界」を歌う。さらにそれぞれの国の特徴は、建物や動物にも表れている。かわいらしい子どもたちのなかには、その国を代表する有名人も登場する。

スペインからはドン・キホーテ。アフリカの旅ではクレオパトラに遭遇する。くれぐれも見逃さないように‼

「小さな世界」あふれる建物のなかに
世界の名建築が見え隠れ　※編集部独自調査です

丸、三角、四角……カラフルな積み木を重ねたようなユニークな外観が目を引く、「イッツ・ア・スモールワールド」。建物のなかには、「世界一幸せな船旅」を予感させる、たくさんの要素がちりばめられている。よ〜く見ると、見覚えのあるようなものもたくさん。テーマ曲でもある「小さな世界」があふれている。

タージ・マハル　インド
タマネギ形のドームといえば、ムガル帝国の第5代皇帝シャー・ジャハーンが妃のために22年かけて作ったタージ・マハルが有名。イスラム圏ではよく見られる建築様式だ

トゥルッリ　イタリア
かわいい円錐形のとんがり屋根の建物は、アルベロベッロに1000軒も連なる伝統家屋群。アルベロベッロ＝美しい木という意味を持つ土地にありながら、木材は一切使われていない

風車　オランダ
風車が回る建物で、赤いチューリップのマークがある国といえばオランダ。風車のなかでもオランダの世界文化遺産キンデルダイクという町のエルスハウトの風車網が有名だ

世界へ旅立つ出発地
スモールワールド・ステーション

ここはボートに乗って世界の子どもたちに会いに行くためのターミナル駅。たくさんの子どもたちが、思い思いに鉄道や気球、魔法のじゅうたんに乗って出発するところが見られる。さあ、チケットブースを通ったら、ボートに乗って出発しよう。

アーチの壁には、子どもたちが鉄道に乗ったり、馬に乗ったり、思い思いに旅を楽しむ様子が描かれている

↑ゲストがボート乗り場へ向かう通路

ここは荷物の保管場所。スーツケースの上に座ってニコニコしている子どもがいる

エッフェル塔 フランス

フランスの首都パリにあるエッフェル塔。レースをまとったような姿から「鉄の貴婦人」ともよばれる。フランス革命100周年を記念して1889年、パリ万博のために建てられた造物だ

パルテノン神殿 ギリシャ

柱の神殿からイメージしやすいのはギリシャにあるパルテノン。古代ギリシャ時代にアテネのアクロポリスの上に建てられた神殿で、ギリシャ神話の女神アテナをまつる

サンタ・マリア・デル・フィオーレ大聖堂 イタリア

ピンク色の屋根はイタリアのフィレンツェにあるサンタ・マリア・デル・フィオーレ大聖堂。巨大なドームが特徴的な晩期ゴシックおよび初期ルネサンス建築で、聖堂の名は「花の聖母マリア」の意味

夢と魔法の時間を告げる巨大なからくり時計

建物の中央にあるスモールワールド・クロックは15分ごとに時間を告げる。左右の扉が開き、3体の兵隊が現れて太鼓を叩き、ファンファーレの音を合図に「小さな世界」のメロディーにのって、中央の扉から世界の子どもたちの人形が登場する。中央に時刻が数字で表示されて、ピエロがドラとトライアングルを持って現れ、ドラを打つ回数が時間、トライアングルを打つ回数が1回15分の単位で告げられる。もうひとつ、砂時計にも注目だ。15分ごとに上下反転する。一瞬でひっくり返るので、瞬間を見ないと動いていることに気づかない。

↑ディズニーキャラクターが登場する「イッツ・ア・スモールワールド」はアナハイムのディズニーランドや香港ディズニーランドにもあるが、ディズニー映画『アナと雪の女王』『塔の上のラプンツェル』『ヘラクレス』、ディズニー&ピクサー映画『メリダとおそろしの森』のキャラクターが登場するのは、東京ディズニーランドだけ

園丘壇 韓国

三重の塔からイメージするのは韓国のソウルにある園丘壇。朝鮮王朝第26代国王が祈りを捧げた美しい3層構造の史跡だ。美しい飾り窓は伝統のチョガクポ模様を連想させる

ピサの斜塔 イタリア

斜めに建っているのはピサの斜塔。イタリアのピサのドゥオモ広場にあるピサ大聖堂の東側に建つ鐘楼で、中世ヨーロッパを代表する建造物のひとつ。世界文化遺産にも登録されている

ビッグ・ベンの時計塔 イギリス

三角屋根の時計塔はビッグ・ベンをイメージ。イギリスのロンドンの中心部に建つ街のランドマークで、ウエストミンスター宮殿に併設する。世界文化遺産に指定された観光名所

カラフルな気球に乗って旅立つ子どもたち。上空から世界を見に行くようだ

鉄道に乗って「スモールワールド・ステーション」を出発する子どもたち

東京ディズニーランドを象徴するシンデレラ城の前で、手をつないだミッキーとミニーが世界を旅するゲストを見送っているようだ

チケットブースには帽子をかぶった子どもの駅員さんが。きっぷを売っているのかな

世界の建物が並ぶ壁は星がきらめく夜、反対側の壁は太陽が輝く昼をイメージ。館内を見回すと、朝陽が昇って陽が沈む様子が。地球がひとつだということがわかる

イッツ・ア・スモールワールド

各国の歴史や文化、風習が学べる
世界の扉を開くクルージング

Europe
ヨーロッパ

「小さな世界」の歌声が聞こえてきたら、世界一幸せな船旅のはじまりだ。最初に出迎えるのは北欧の子どもたち。踊ったり楽器を演奏したりしている。エッフェル塔の前ではフランスの子どもたちがフレンチカンカンを踊り、左側の詰め所には衛兵が立つ。

巨大なチェス盤の上にはキングとクイーン、そして、ふしぎの国のアリスとホワイトラビットの姿がある

ピーターパンとウェンディがロンドンのタワーブリッジの上に。そばには時計塔も見える。この前の水路はテムズ川ってこと？

♪きみもとべるよ！
『ピーター・パン』より

宮殿などに配置されるイングランド地方の衛兵。向かい側にはオモチャの兵隊がドラムやトランペットを演奏

♪ゴールデン・アフタヌーン
『ふしぎの国のアリス』より

タワーブリッジに立つのは、赤い制服で有名なイギリスの近衛兵。橋の両側に2体見られる

タータンチェックの砦の上で民族衣装をまとったスコットランドのバグパイパー

アイルランドの子どもたちは民族舞踊のジグが得意。足の動きに注目しよう

♪タッチ・ザ・スカイ
『メリダとおそろしの森』より

得意な弓をひくメリダを後ろで見ているのは、クマになってしまった三つ子の弟たち!?

アイルランドの民話に登場する「レプラコーン」とよばれる妖精。いたずら好きで、黄金をかくし持つと言われている。もしかしたら丘の上の大釜がそれかも

♪ビビディ・バビディ・ブー
『シンデレラ』より

↑シンデレラ城の前でゲストに手をふるのはシンデレラとプリンス・チャーミング

ダンスの様子をマリーが眺めている

↑エッフェル塔の前で、足を上げて子どもたちがフレンチカンカンを楽しそうに踊っている

♪輝く未来
『塔の上のラプンツェル』より

地面につきそうなほど塔の上から金色の長い髪を下ろすのはラプンツェル。髪でパスカルが遊んでいる

チロリアン特有の革の半ズボンをはいたドイツの子どもたち。刺繍はこの地域特有のもの

♪レット・イット・ゴー
～ありのままで～
『アナと雪の女王』より

民族衣装を着た北欧の子どもたち。こちらは、エプロンをしたフィンランドの典型的なカンサッリス・プクスタイル

ノルウェー・フィヨルドの峡谷ではエルサ、アナ、オラフが自然の美しさを楽しんでいる

古代ローマ遺跡とピサの斜塔の前で歌うイタリアの伝統的な民族衣装を身につけたオペラ歌手の女の子

水路を旅するイタリアの観光名所のひとつ、水の都ヴェネツィアでゴンドラをこぐ少年

アーチの上、宮殿の前の広場でも、男の子と女の子がリズムにのって歌っている

♪星に願いを
『ピノキオ』より

小さな舞台で踊っているのは木彫りの操り人形ピノキオ。建物の横にはジミニークリケットもいる

イッツ・ア・スモールワールド

中東、ロシアをめぐって、舞台はエキゾチックなアジアへ

Asia
アジア

古代ギリシャの時代に築かれた都市国家アクロポリスではヘラクレスがお出迎え。やがてオリエンタルな雰囲気が漂うエリアへ突入。目の前にタージ・マハルが現れ、頭上には魔法のじゅうたんが飛んでいる。バリやジャワの優雅なダンスも見ごたえ十分。

赤い服を着てマントをかけた羊飼いの子どもはギリシャの伝統的な楽器を演奏中

アテネのアクロポリスで神殿を持ち上げているのはヘラクレス。屋根の上にはペガサスが

上空を飛んでいるのがアラジンとジャスミンを乗せた魔法のじゅうたん

♪ ホール・ニュー・ワールド「アラジン」より

ジャワやバリ、タイ、カンボジアの子どもたちの衣装はエキゾチックできらびやか

♪ ザ・ベア・ネセシティ「ジャングル・ブック」より

笛でコブラを操る子どもの隣には、バルーの手の上でバランスをとるモーグリがいる

インドのタージ・マハルでサリーを身につけたインドの少女たちがダンスを踊っている

インドの子どもたちが楽しそうにいろいろな民族楽器を演奏している

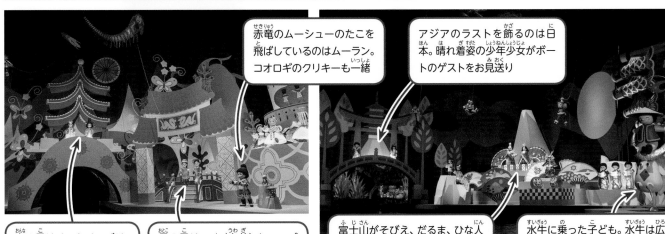

赤竜のムーシューのたこを飛ばしているのはムーラン。コオロギのクリキーも一緒

アジアのラストを飾るのは日本。晴れ着姿の少年少女がボートのゲストをお見送り

女の子はチマとチョゴリ、男の子はパチとチョゴリを着た韓国の子どもたち

男の子はアオ（上着）とクーパ（パンツ）、女の子はチョンサン（ドレス）を着た中国の少年少女

富士山がそびえ、だるま、ひな人形、五月人形など日本の伝統的な飾りがいっぱい

水牛に乗った子ども。水牛は広い畑を耕すのに欠かせない動力源だ

※衣装については、編集部独自調査です

ゆかいな動物が暮らす
サバンナを抜けて、音楽好きの
子どもたちがいるアフリカへ

Africa
アフリカ

真っ赤な太鼓橋をくぐったら、場面は一転して夜のアフリカへ。旅はピラミッドやスフィンクスが並ぶエジプトからはじまり、クレオパトラに歓迎されてジャングルの奥地へ進む。頭上には木から木へ飛び移るサルや子どもを乗せたアフリカゾウが顔を出している。

サークル・オブ・ライフ
「ライオン・キング」より

↑ギョロギョロ目を輝かせているのは花柄模様のあるカバ。鳥がつっついているのは背中の虫？

↑百獣の王ライオンは、音楽好きの子どもたちに囲まれてうれしそうにほほえんでいる

神秘的な夜の砂漠のピラミッド。ラクダに乗った少年はチュニックを着用。太鼓をたたいている

ジャングルの仲間たちに囲まれてシンバはプンバァの背中に。どんな眺めかな？

ティモンがうれしそうに両手に持っているのは、大好物のテントウ虫やミミズなど？

エジプトの女の子たちがタンバリンを鳴らして楽しくダンスを踊っている

水辺に小舟を浮かべているのはクレオパトラ。ゲストにウインクをしている

↪木と木の間をサルたちが綱渡り。ゲストを歓迎しに来たようだ

アンデスの山々、アマゾンの熱帯雨林、
カラフルでにぎやかな中南米の国々

Central and South America
中南米

くるくる踊るペンギンが見えたら南米大陸のはじまりだ。コパカバナビーチや花とフルーツのあふれる陽気な市場。ステージでは子どもたちがカーニバルの真っ最中。さんさんと輝く太陽の下、ソンブレロをかぶったメキシコの子どもたちも楽しそう。

メキシコでよく見かける粘土の工芸品「生命の樹」。鳥や花がモチーフになっている

↪ここはマヤ族の太陽神がほほえむ中央アメリカ。両サイドの塔は火山をイメージしている

ソンブレロをかぶり、ポンチョを着用したメキシコの男の子。女の子も踊っている

大きなショールをかけて山高帽が似合うボリビアの少女たち。赤いほっぺが印象的

ラバに乗ったガウチョの少年は毛糸の帯にポンチョがお似合い

橋の上には馬の背中に乗ったわら人形が列をなしている。どこに行くのかな？

アーチが連なる橋の下には、『三人の騎士』のドナルド、ホセ・キャリオカ、パンチートが

↑中央アメリカのにぎやかな市場。目にも鮮やかな花やフルーツ、色とりどりの民芸品などが売られている

FANTASYLAND

コパカバナビーチにある華やかな2層ステージ。上段では楽器を演奏している

ブラジルやアルゼンチンの子どもたちがサンバやタンゴを踊る

↑雨が降り注ぐアマゾンの熱帯雨林。雨宿りをする鳥たちの下でジャガーが傘をさしている

↑南アメリカで暮らすペンギンの群れ。カウボーイのガウチョの帽子をかぶっている

キラキラした海やヤシの木が迎える南国の楽園

Islands
南太平洋の島々

サンゴ礁とヤシの木、南太平洋の島々をめぐる。ハワイではサーフィンやフラダンスをしている子どもたちと会い、オーストラリアではコアラやカンガルーの親子にごあいさつ。"アンダー・ザ・シー"の世界ではアリエルとフランダーが現れる。

ゆるやかな南国ムードに包まれ、3人組のハワイアンフラダンサーが伝統的なフラを踊る

イースター島の岩山にはモアイ像がそびえている。オーストラリアのコアラもいる

カモノハシはオーストラリアだけに生息する世にも不思議な原始哺乳類。なのに卵を産む

リロとスティッチはビッグウエーブでハワイアン・ローラーコースター・ライドを楽しんでいる

モアナと子ぶたのプア、ニワトリのヘイヘイを乗せたいかだは大海原を渡る

ハワイの伝統的なカヌー、アウトリガーに乗った少年はあのカメハメハ大王

ユニークな仮面をかぶって演奏しているのはパプアニューギニアの子どもたち

もっと遠くへ
モアナと伝説の海 より

グラススカートをはいた5人の女の子がタヒチアンダンスを踊っている

火の輪の真んなかでくるくると踊るのは、タヒチの男の子たち

アンダー・ザ・シー
リトル・マーメイド より

↑アリエルとフランダー、そして海の仲間たちが歌い、踊る"アンダー・ザ・シー"の世界

←キーウィに囲まれ、腰みのを巻いたニュージーランドの男の子

船旅のクライマックスは国境や民族をこえて世界がひとつに

Finale
フィナーレ

最後は「小さな世界」を日本語で大合唱。世界中の子どもたちが笑顔と想像力にあふれ、思いやりの心をもって友情で結びつきますように、というテーマがこめられている。衣装は白に統一され、全人類共通の願いであることを表している。

↑最後のゲートではカウボーイの少年とネイティブ・アメリカンの子どもが見送ってくれる

※衣装については、編集部独自調査です

Pooh's Hunny Hunt

プーさんのハニーハント

100エーカーの森は
まるでプーさんの絵本の世界

　ゲストはハニーポット（はちみつの壺）に乗って、100エーカーの森のなかを進みながら、『くまのプーさん』の世界を体験する。絵本のなかに入ると、プーさんはクリストファー・ロビンからもらった青い風船をにぎり、はちみつのあるところへ飛んでいく。やがて大あらしが吹きあれて森は大パニックに。静かだった森はざわざわと音をたてはじめ、心地よいねぐらは頼りなく揺れ動く。大あらしでラビットもピグレットも飛ばされそうだ。そんなときでも森のなかをぴょんぴょん飛び跳ねているのは元気なティガー。はちみつを喜ぶのはズオウとヒイタチだけと言い残すと、プーさんは夜通しはちみつを守ろうとする。夢のなかに現れたのはズオウとヒイタチ。まるで絵本をめくるように物語を楽しみ、乗るたびに見え方が異なるアトラクションだ。ラストは、プーさんが大好きなはちみつの洞窟にたどり着き、ゲストははちみつの甘い香りに包まれる。

↓クリストファー・ロビンに風船をもらって、プーさんは木の上にあるはちみつを目指す。ハチに気づかれずにはちみつがとれると思った矢先、森に突然大あらしがやってきた

← ここはラビットの畑。「PUNKIN2＝PUMPKINS（カボチャ）」など、スペルはまちがうけど、野菜を見ればすぐにわかるはずだ

← 働き者のラビットは洗濯物と一緒に飛ばされそうだ。とったばかりの野菜も散乱。畑の野菜は大丈夫？

Winnie the Pooh くまのプーさん

Rabbit ラビット

Gopher ゴーファー

← ゴーファーは原作にはいないディズニーのオリジナルキャラクター。樽に貼られた板には"GOPHER NOT IN(ゴーファーはいないよ)"と書いてある

← 穴掘りを専業とするゴーファー。うまく穴が掘れなければ、ダイナマイトを使って吹っ飛ばす地リスだ。この日もダイナマイトで吹っ飛ばし、ゴーファー自身が飛び出してきた

『クマのプーさん』は子ども部屋で生まれた
不朽の名作

　『クマのプーさん／ウィニー・ザ・プー』は、1926年にイギリスの作家A.A.ミルンによって書かれた童話。主人公は、息子のクリストファー・ロビンの1歳の誕生日に贈られたクマのぬいぐるみ。プーという名は、当時、ミルン一家が休暇を過ごした別荘のコッチフォード・ファームの近くの湖にいた白鳥だという説がある。

↑クリストファー・ロビンの部屋。アルファベットの積み木で、登場キャラクターの名前が並ぶ

"ウィニー・ザ・プー"のウィニーはロンドン動物園にいたクマの名前。そしてエピソードは子ども部屋から次々と生まれ、想像力豊かな子どもから見た空想と現実の世界がそのまま物語になっている。はちみつの英語表記は「HONEY」だが、アトラクション内ではすべて「HUNNY」。これは幼い子どもの空想の世界として描かれているためで、スペルミスはユーモアにあふれたプーさんの世界らしい演出だ。

Owl
オウル

Piglet
ピグレット

←強風でたとえ家がかたむいても、おしゃべりは止まらない。「67年の風に比べれば、きょうの風はそよ風じゃ。76年だったかな」とオウルは余裕の顔だ。強い風に飛ばされないように、オウルの家のはしごにしがみついているピグレット。どうしたらいいのかと、怖がっている

Woozles
ヒイタチ

Heffalumps
ズオウ

↑ズオウとヒイタチがやってくるのを心配して、プーさんははちみつを守るのだが、やがて、うとうと夢のなかへ……

←プーさんの夢のなかではちみつを狙う。ヒイタチが大砲の導火線に火をつけると、大砲からすごい風が出て、プーさんはくるくる回る

←ズオウは気球に変身したり、ミツバチになって長い鼻ではちみつを吸い上げて、ふくらんだり、しぼんだり、姿を自由に変える

↑ズオウの巨大な鼻に吸いこまれたプーさんがクリストファー・ロビンの声で目覚めると、そこは甘い香りのするはちみつの洞窟。ゲストにもはちみつの甘い香りが漂ってくる

Roo
ルー

Kanga
カンガ

←家の前でたこ揚げをしているのはカンガ。赤いたこの先には息子のルーがぶら下がっている。そこへプーさんが風にのってやってきた。プーさんを見つけたルーは「見て。プーだよ」とカンガに言うと、プーさんはルーに「風の日、おめでとう」と言い残して飛んでいった

Tigger
ティガー

↑ティガーはしっぽにバネが入ったぬいぐるみ。飛び跳ねるのが大好きで、ぴょんぴょん飛ぶとゲストのハニーポットも上下に跳ねる

Eeyore
イーヨー

↑イーヨーの家はすぐに倒れてしまう簡単なもの。強い風が吹いて、家は一瞬で倒れてしまった

納屋のなかには絵本で見かけた小道具がいっぱい

　ここはクリストファー・ロビンの家の納屋のなか。絵本のなかで見たものがたくさん置かれている。プーさんがはちみつをとりに行くのに貸してあげた青い風船や、カンガとルーが遊んでいた赤いたこ、大あらしの日にクリストファー・ロビンが着ていたレインコートや帽子など、プーさんワールドを楽しめる細やかな仕掛けを見ることができる。ここは空想と現実の境目のようなエリアといえるかも。

➡納屋は、大きな絵本のエントランスを入ってすぐのところにある。並んでいるときにチェックしよう

外の風景からも世界観を存分に楽しめるイギリス田園地帯の美しいガーデン

　アトラクションの入り口前に広がるガーデンは、作家A.A.ミルンと息子のクリストファー・ロビンが過ごしたコッチフォード・ファームというハートフィールド近くにある別荘がモチーフのひとつになっているのかもしれない。並んでいる列からは、手袋や顔にかぶる防護カバーなどが置かれたハチの巣箱やハチをモチーフにしたレリーフなどが見られる。また、プーさんがおなかいっぱい食べすぎて、抜けられなくなってしまったラビットの家の窓を思わせる穴もあるので、見つけてみよう。

←季節ごとに美しい花が咲くイングリッシュガーデンも見どころのひとつ

➡ときおりハチがブンブン飛んでいる音が聞こえてくるハチの巣箱があちこちにある

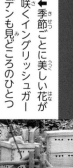

Haunted Mansion

ホーンテッドマンション

1000人目の仲間を死ぬほど待ちこがれる亡霊たちが住む屋敷へ

おとぎの国の一角にたたずむゴシック様式のおどろおどろしい建物は、世界中から集まった999人の亡霊たちが住む幽霊屋敷。ゲストを1000人目の仲間に引き入れようと待ちかまえている。荒れ果てた墓地の前を通って使用人が出入りする通用口から入ると、そこは紳士の肖像画が迎える不気味な部屋。いまは亡き一族に歓迎されたゲストは、"不吉な乗り物"を意味するドゥームバギーに乗って、屋敷のなかへと進む。じっと見つめてくる肖像画の部屋、棺の蓋をこじ開けようとする白骨化した手、無人のピアノが鳴りひびくミュージックルームなど、ゾッとするシーンが続く。しかし、ゆかいな一面を見せてくれるのも「ホーンテッドマンション」の魅力。グランドホールでは亡霊たちの誕生会が開かれ、墓地では世界中の亡霊が集まってお祭りさわぎの真っ最中。くれぐれも、リトル・レオタに誘われても死亡証明書は持っていかないように。

一族の墓のほかにペットの墓も
館の周辺や中庭には荒れ放題の墓地が

屋敷へ向かう通路周辺は荒れ果てた墓石が並ぶ墓地。よく見てみると、土が盛り上がっていたり、墓がかたむいていたり……、ただならぬ雰囲気が漂っている。花はしおれかけ、一族の墓の先には動物たちの墓もある。

➡敷地の奥にも荒れ放題の墓が点在。長い列に並んだときにだけ見られるゲストの特権

⬇花は植えられているのになんとも不気味な空間。墓の前を通り、入り口へ

⬅押し倒された鉄の扉の奥はどこへ続いているのか。レンガが壊され、不気味な足跡が残る

SKIMMER
スキマー
⬅「我らのアヒル スキマー、夕食前に隣人の家を訪ねるべきではなかった」とある

OLD ROSIE
オールド・ロージー
➡「ロージーおばあちゃん、ついに天国に到着」同名のお酒があるので、もしかしたら飲みすぎたか？

OLD FLYBAIT
オールド・フライベイト
⬅1853年11月21日に、そのカエルは"ケロッ"と亡くなったとある

DIGGER
ディガー
➡「わたしたちは君が骨をどこに埋めていたのか、ついにわかった」犬の鎖が隣の墓につながっている

FLUFFY
フラッフィー
➡9回の没年月日が刻まれたネコ。"a cat has nine lives（なかなかくたばらない）"というアメリカンジョークになっている

❶Ray N Carnation＝Reincarnation
生まれ変わり

❷I. M. Mortal＝I am mortal.
わたしは死ぬ

❸Rustin Peese＝Rest in peace.
安らかに眠れ

❹Asher T. Ashes＝Ashes to Ashes.
灰は灰に

❺PEARL E. GATES＝Pearly Gates
天国の扉

❻G. I. MISYOU＝Gee, I miss you.
あなたがいなくてさみしい

❼I. L. Beback ＝I'll be back.
戻ってくる

❽M. T. Tomb＝Empty Tomb
空っぽのお墓

❾Sue Pernatural ＝Supernatural
超常現象

❿I. Trudy Departed
＝I truly departed.
わたしは本当に死んでしまった

⓫U. R. Gone＝You are gone.
あなたは死んでしまった

世界中から亡霊が集まる呪われた館

暗い影を落とす洋館は19世紀半ばに建てられたゴシック建築。開け放たれた壊れた窓など、いかにも亡霊が住み着きそうな息苦しさと怪奇なムードが漂っている。ゲストが案内されるのは暗くて長い使用人の通用口。

建物のてっぺんに注目。霊をよび寄せるかのようにコウモリの形をした風見がある

槍に突き破られ、いまにも外れそうな窓枠。カーテンが巻きこみ、壊れて開け放たれた窓もある

一族が亡くなってから閉ざされたままの状態になったこの屋敷の正面玄関はここ

不気味さを増すのは日が落ちてから。ガラスドームの部屋に青白い光が見えるときがある

門柱には2頭のグリフィンが。グリフィンとはワシの頭と翼を持ち、ライオンの胴体を持つ空想上の幻獣のこと

見る人を楽しませる墓標に隠されたシャレ&ジョーク

つい見落としてしまいがちなユニークな墓標で出口にある。よく見てみると、「I. L. Beback（アイ・エル・ビーバックさん）」は「I'll be back.（戻ってくる）」、「C.U. Later（シー・ユー・レイターさん）」は「See you later.（また会おう）」という意味にもなる。「ホーンテッドマンション」は、怖いだけじゃない、クスッと笑えるユーモアにもあふれている。

❶Lev Itation
=Levitation
空中浮遊

❷C. U. Later
=See you later.
また会おう

❸HARRY AFTER
=Hurry after.
急いでついてきて

❹HOBB GOBBLIN
=Hobgoblin
いたずらな小鬼

❺Paul Tergyst
=Poltergeist
ポルターガイスト

❻Clare Voince
=Clairvoyance
透視

❼Dustin T.Dust
=Dust to dust.
ちりはちりに

❽THEO LATER
=See you later.
あとで会おう

❾Hal Lusinashun
=Hallucination
幻覚

1440 BLUEBEARD

大きな墓標は "Bluebeard（青ひげ）" のもので、彼の7人の妻たちの名前も刻まれている。青ひげは、フランスの童話作家シャルル・ペローの作品『青ひげ』の主人公。物語では6人の妻は青ひげに殺されている。墓標には、6人の妻は青ひげに忠実だったが、7人目の妻が彼を殺したとある。確かに、7人目の妻だけ没年が刻まれていない

ホーンテッドマンション

999人のゆかいな亡霊たちが ゲストを死ぬほど待ちこがれている

密室の恐怖を味わう広間

FOYER
ホワイエ

ホワイエに入ると重い扉が閉まり、ゲストを歓迎する謎の声が聞こえてくる。不可解にも肖像画はみるみるうちに白骨化。八角形の小部屋では、一族が亡くなった原因がわかる肖像画が現れる。絵が伸びているのか天井が伸びているのか、摩訶不思議な光景を見る。

↑シャンデリアの灯りが揺れる窓のない部屋で変わりゆく紳士の肖像画

↑マダム・レオタが呪文を唱えはじめた。ヘビやクモなど、不気味なことを言っているようだ

↑墓石の上で一輪の花を持つ老婆。斧が頭に突き刺さった男性となにか関係が?

↑ズボンをはき忘れた?燕尾服の紳士。死亡した原因はもしやダイナマイトの爆発か?

↑ワニが住む沼の上で綱渡りをする少女。下でワニが大口を開けている。落ちたのだろうか?

↑「QUICK SAND」とは絶体絶命という意味。砂のなかに飲みこまれる男性の心の表れか?

ゴーストライターの書斎

LIBRARY
書斎

肖像画が並ぶ廊下を過ぎると、書斎へ。天井まである書棚にはたくさんの古い書籍が雑然と並ぶ。ここは世界中の偉大なゴーストライターたちの初版本が保存された場所。誰もいないのに、本やはしごが動いている

大理石の胸像は文学史上に名を残す8人のゴーストライターたち。通り過ぎるドゥームバギーを、顔を動かしてじっと見てくる

本が出たり引っこんだり、はしごが勝手に揺れるポルターガイスト現象が起こっている。本棚に並ぶ貴重な本はどれもゾッとする内容ばかり?

マダム・レオタの降霊会

MADAME LEOTA
マダム・レオタ

いくつものドアが並ぶ廊下を通り、13時を打つ大時計を経てマダム・レオタの降霊会へ。水晶玉のなかで彼女が呪文を唱えると、部屋のなかにある物体や楽器を通して亡霊たちがこたえる。

棺のある部屋

CASKET ROOM
安置所

大階段を上がったこの部屋には最近亡くなった一族のひとりが安置されているとか。花はしおれ植物は枯れ、あちこちにクモの巣が張られている。近くで1羽のカラスがじっと見つめている。

棺のなかから聞こえてくる悲痛なさけび声。くぎが打たれた棺の蓋をこじ開けようとする白骨化した手が見える

棺を支えているのは、野獣を思わせる鋭い爪を持った脚。クモのレリーフがあり、不気味な文様が浮かんで見える

無人のピアノ演奏がはじまった

MUSIC ROOM
ミュージックルーム

不気味なピアノの音がひびいている。ほこりをかぶった部屋に古いピアノが。姿はないが弾いているのは亡霊のテーマ曲、「グリム・グリニング・ゴースト」。クラシックなラフマニノフスタイルで演奏。

ピアノを弾く音だけがひびく、だれもいない部屋。月明かりが亡霊の影を床に映し出す

亡霊たちの
パーティーがはじまった

GRAND HALL
グランドホール

マダム・レオタのよびかけで集まってきた亡霊たち。さまざまな時代の亡霊によるパーティーがはじまった。誕生日を祝ったり、ダンスをしたり。撃ち合いをする亡霊の姿も。

壁の上には絵から抜け出した2人の亡霊が死後の世界でも決闘をしている

ロッキングチェアに座る老婆。消えたり、現れたり、とても心地よさそうだ

降霊会のよびかけにこたえて、蓋の開いた棺のなかから、次々と亡霊たちがよみがえる

パイプオルガンからは目に見える音符のように、亡霊の顔が次々と現れる

パイプオルガンの演奏に合わせて半透明の紳士、淑女がワルツを楽しそうに踊っている

バースデーケーキのロウソクの火を吹き消すと、炎と一緒に消えてしまう亡霊もいる

荒れ放題の墓地で行われる
亡霊たちの陽気な演奏会

GRAVEYARD
墓地

おびただしい数の亡霊が世界中から集まる暗闇の墓地。さぞかし不気味な雰囲気かと思いきや、あちらこちらでお祭りさわぎがはじまった。テーマ曲はこれまでの暗い曲調から一変し、コーラスグループも加わって「グリム・グリニング・ゴースト」を大合唱。自転車や霊柩車と一緒の亡霊もいる。エジプトのミイラの姿も。時代も国も異なる亡霊たちが生き生きと過ごしている。

中世スコットランドの植民地時代の楽団の亡霊による演奏がゲストを迎える

←エジプトのミイラまでもがお茶を飲んでいてユーモラス

↓ヴィクトリア朝時代の貴族とその夫人が、墓石を軸にシーソーで遊んでいる

お祭りさわぎをしているなかで、自ら壊れたレンガをセメントで直す亡霊の手だけが見える

切り落とされた首を持つ騎士の亡霊。となりにいるのはその首を切り落とした亡霊？

イタリアからはるばるやってきたオペラ歌手の亡霊たち。声高々に誇らしげに歌う

テーブルを用意してシャンパンを酌み交わし、楽しんでいる亡霊の姿も見える

霊柩車に座るドレス姿の亡霊。お茶を飲んでくつろいでいる

棺桶に腰かけるシルクハットをかぶった紳士。お茶が注がれるのを待っているのだろうか

墓石の上で足を組んでくつろぐ亡霊。満足そうに笑っているように見える

リトル・レオタからのメッセージ

LITTLE LEOTA
リトル・レオタ

たくさんの棺が並ぶ霊安室。頭上にリトル・レオタの小さな亡霊が現れ、早く帰っておいで。死亡証明書を忘れずに。仲間になる決心がついたら、いまここで手続きをしておしまい。あなたを死ぬほど待っていると語る。

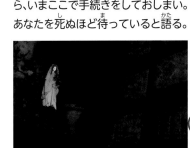

Cinderella's Fairy Tale Hall

シンデレラのフェアリーテイル・ホール

シンデレラの物語をアートで見る
お城のなかのミュージアム

1950年の映画公開以降、世界中の人々から愛され続けているディズニー映画『シンデレラ』。ハッピーエンドを迎えたシンデレラとプリンス・チャーミングは、現在シンデレラ城で幸せに暮らしている。シンデレラは魔法に導かれて、「プリンセスになるまでの物語を大勢のゲストとわかちあいたい」と考えた。そして自分たちが留守の間にシンデレラ城を開放し、物語にまつわるさまざまな作品を展示することにした。そのさい、フェアリーゴッドマザーからは、シンデレラのストーリーの名場面を、魔法によってよみがえらせる3つの展示ケースを贈られた。たとえ物語のあらすじを忘れてしまっても、ゲストは自由に歩きながら、展示品を通じて物語を思い出すことができる。そして、ゲストが最後に向かうのは「玉座」や「ガラスの靴」が飾られた大広間。フェアリーゴッドマザーが描かれた壁画の前で、フラッシュ撮影すると、魔法が現れるサプライズも楽しみだ。

ロイヤルアテンダントがご案内

Reception Chamber
「待合の間」

城は多くの場合、1階は公共スペースとして開放された集会場であると同時に、防衛のための砦の役割を果たす。部屋の壁には4つのアーチが組みこまれており、右側にある2つのアーチには、それぞれ華やかなタペストリーが飾られている。

アルコーヴとよばれる小さな空間には、中世ヨーロッパ時代の甲冑が展示されている

白馬に乗ったシンデレラとプリンス・チャーミングを描いた絵が飾られている

正面奥のリフト（エレベーター）の上にプリンス・チャーミングとシンデレラのレリーフが

右側の2つのアーチにはそれぞれ華やかな紋章風のタペストリーが飾られている

物語の序章がわかる

Fairy Tale Hall Entryway
「フェアリーテイル・ホールのホワイエ」

ロイヤルアテンダントの案内で上のフロアに行くと、そこは天井の高い、薄緑色と金色で華やかに装飾された壮麗な「フェアリーテイル・ホールのホワイエ」。8枚の壁画が飾られ、父親が亡くなってからのシンデレラの苦悩の日々が描かれている。

❶噴水のそばで、飼い馬のメジャーに水を飲ませる幼いころのシンデレラと父親

❸シンデレラに悲しい出来事が起こった。大好きな父親が亡くなってしまったのだ

❺シンデレラが床を磨いていると、継母が飼っているネコのルシファーが泥足で歩き回る

❼部屋の窓辺に立ち、小さな窓から外を眺めるシンデレラ。そばにはネズミたちが

❷継母のトレメイン夫人と2人の姉たちが大きな窓からシンデレラの様子を見ている

❹継母と姉たちが、暗い部屋ですすり泣くシンデレラをじっとにらんでいる

❻シンデレラは継母と2人の姉のために料理を作り、階段を上って届けに行く

❽シンデレラは塔の上の窓から遠くに見えるプリンス・チャーミングのお城を眺めている

名場面をアートで表現した作品が並ぶ

Royal Gallery
「王宮の回廊」

「王宮の回廊」には張り出した3つのエリアがあり、それぞれにシンデレラのストーリーの名場面を表したアート作品が展示されている。「シンデレラのフェアリーテイル・ホール」のためだけに作られた芸術作品が並ぶ。使われているマテリアルにも注目したい。

↑シンデレラが舞踏会に行くためのドレスを動物たちが力を合わせて作る

←お城で舞踏会がはじまり、おくれてシンデレラがやってきた

↑心やさしいシンデレラは小鳥や屋敷に暮らすネズミたちと友だちだ

←「王宮の回廊」には3つの張り出したエリアがあり、物語の印象深いシーンが並ぶ

↑シンデレラとプリンス・チャーミングは時のたつのも忘れ、ダンスを踊り続ける

↑魔法が解ける12時の鐘が鳴り、ガラスの靴を片方残して慌てて立ち去るシンデレラ

←唯一の手がかりのガラスの靴はシンデレラの足にぴったり。大公はついに見つけた

ハッピーエンドを物語る

Anteroom
「控えの間」

シンデレラのストーリーのハッピーエンドを描いた7枚のパネルが展示されている。祝賀ムードいっぱいの、まさに幸せに包まれる空間だ。ときどき、みんなの様子をうかがうかのように、壁からガスとジャックが顔を出すので、見逃さないで。

←国王や大公、ガスやジャックたちがシンデレラとプリンス・チャーミングを祝福する

←みんなが見送るなか、プリンス・チャーミングはシンデレラの手を引き、馬車へ向かう

←シンデレラは玉座に座り、国王はプリンセスになった彼女の頭上に王冠をのせる

夢と魔法があふれる

Grand Ballroom
「大広間」

ゲストが最後に訪れるのは、巨大なシャンデリアが輝く「大広間」。ここにはシンデレラが永遠の幸せをつかんだ「ガラスの靴」が展示されている。フェアリーゴッドマザーが魔法をかける壁画や、ときどきキラキラと背もたれが輝く「玉座」も置かれている。

↑フラッシュ撮影でフェアリーゴッドマザーの魔法の杖からキラキラ輝く渦巻きが現れる

←シンデレラを幸せに導いた「ガラスの靴」。ガラスの靴のフォトロケーションもある

玉座の両脇にはキャンドルが立ち、頭上には大きく華やかな王冠が輝く

フラッシュ撮影すると"Friends(友だち)"という言葉が魔法のように浮かび上がる

Cinderella Castle

シンデレラ城の美しさの秘密を探る

要塞のように力強く、宮殿のように優雅な夢多き城

東京ディズニーランドのシンボルであり、おとぎの国ファンタジーランドのシンボルでもあるシンデレラ城。まるでヨーロッパに古くからある城をそのまま運んできたかのように、城としてのデザインの完成度は高い。たとえば、フランスのフォンテンブロー宮殿やベルサイユ宮殿などの宮殿建築と、ロワール河畔に点在するシャンボール城やシュノンソー城、ショーモン城などの城郭建築。基底部は敵の攻撃にも揺るがない頑丈さを誇る要塞風で、上にいくにしたがっていくつもの尖塔が天に向かってそびえる宮殿風になっている。シンデレラ城に見る力強さと優美さは、シンデレラの揺るがない芯の強さとやさしさを表し、夢と魔法の王国にふさわしい雰囲気をかもし出しているようだ。

見る角度によってシンデレラの幸せな未来が見える!?

「シンデレラのフェアリーテイル・ホール」の入り口そばにある「シンデレラの泉」。手には小鳥が、足元にはネズミたちが集まっている。プリンス・チャーミングに会う前のシンデレラだ。見る角度を調整すると、シンデレラが王冠をかぶっているようにも見える。写真を撮るときは、角度を意識すると、シンデレラが幸せになる未来を写せる。

➡水をたたえるこの泉は、1983年9月に500万人目のゲストの来園を記念して、ウォルト・ディズニー・プロダクションズから贈られた

Spire

尖塔 ロマネスクやゴシック様式に見られる尖塔は、聖堂によく使われる建築のひとつ。回旋状の尖塔はウォルトが好きだった金色を採用し、華やかな宮殿の要素も取り入れられている。尖塔は全部で29ある

Astronomical Clock

天文時計 シンデレラ城の正面には天文時計が設置されている。時間だけでなく、太陽や月を示す針があり、12星座を示す盤もついた特殊な時計。世界的に有名なのがチェコの首都プラハの旧市庁舎にある天文時計

Portcullis

落とし格子 別名、鉄格子。格子の先は槍のように鋭く、床の穴に刺さる仕組み。同時に跳ね橋が上がり、敵の侵入を防ぐことができる頑丈な城門となる。中世ヨーロッパの、砦としての城の重要な要素だった

Enhanced Perspective

強制遠近法 シンデレラ城の高さは約51m。見た目ではもっと高く見えるが、実はそこにディズニーの魔法がかけられている。レンガを見ると上にいくほど小さくなっている。映画で使われる強制遠近法という技法が用いられている

Topiary

トピアリー トゥモローランド側の水辺にドラゴンのトピアリーを発見。トピアリーとは、ルネサンス時代にフランスやイギリスでよく見られた植物を刈りこんだ造形物。青々とした芝生の上に白い花で波紋が描かれている

キャッスル・フォアコートにもシンデレラの物語が

キャッスル・フォアコートとは、シンデレラ城の前方に広がる広場のこと。地面にはカボチャの馬車を中心に、あわてん坊のネズミのガスやジャック、スージーやパーラも描かれている。また、アドベンチャーランド側とトゥモローランド側に、シンデレラのレリーフを配した鋳鉄製のゲートもあるので、ぜひ歩いて通りたい。

⬆カボチャの馬車。書かれている文字は、"A Dream is Wish Your Heart Makes"。『シンデレラ』の挿入歌、「夢はひそかに」の原題だ

⬅ネズミたちは、いつもシンデレラを助けてくれる、よき友だちだ

Gargoyle

ガーゴイル

ガーゴイルとよばれる水落とし口は、中世ヨーロッパの城やかつてのノートルダム大聖堂などにも見られた。獣や化け物の形は魔よけの役目を果たしている

Stair-Tower

階段塔

中世ヨーロッパの城ではよく見られる階段塔。その名のとおり、内部がらせん階段で、防衛機能と城に優美さをもたらす象徴となっている。階段塔はディズニーアニメーションにもよく登場する

Crest

紋章

獅子と植物をモチーフにしたレリーフはディズニー家の紋章。プラザ側とファンタジーランド側の両方にあるので、通路を通るときに確認しよう

Stained Glass

ステンドグラス

ファンタジーランド側には、ゴシック様式のアーチ形の窓枠にはめられたステンドグラスが全部で21枚。「カボチャの馬車」「時計台」「ガラスの靴」とシンデレラに重要なアイテムが紋章としてデザインされている。そこにはプリンス・チャーミングの王家の紋章も6枚描かれている

平和　勇気

家族の務め　献身

知識　正義

骨組みを幾重にも組み合わせ、天井をより高く頑丈に装飾するゴシック様式を特徴づけるヴォールトが採用されている。中世の教会建築によく見られる曲面天井だ

シンデレラ城の内部を支えている柱のキャピタルとよばれる柱頭。シンデレラのドレス作りを手伝ったネズミのガスやジャックも彫られている

6人のアーティストによって完成したモザイクの芸術

シンデレラ城の通路には『シンデレラ』の物語を描いた5枚のモザイク壁画がある。モザイクとは、色とりどりのガラスや石の

↑シンデレラ城の通路にある10万個以上のガラスで輝くモザイク壁画には、お話の名場面が

かけらを組み合わせて模様を作る技法で、とくに5世紀から14世紀にかけて、ビザンチン文化の影響を受けたイタリアを中心に使われた装飾のこと。5枚の壁画は、6人の職人によって作られた。ディズニーアーティストであるドロシア・レドモンドがデザインし、その配色にしたがってイタリアの職人がモザイクガラスを制作、そして、6人の職人によって1年がかりで作られた。色は金銀15色を含めて約120色。見る角度や時間によって輝きが変化する。柱に施された彫刻にも注目しよう。

↑意地悪な継母と2人の姉たちに、掃除や洗濯などを言いつけられ、こき使われる

↑シンデレラの前に魔法使いが現れ、ボロボロにされた服をステキなドレスに変える

↑魔法が解ける深夜12時。鐘の音とともに立ち去るシンデレラ。そこにはガラスの靴が

↑城に残されたガラスの靴を手掛かりに国じゅうの娘にはかせ、シンデレラを見つける

↑白馬に乗ってシンデレラを迎えにやってきた王子。物語はハッピーエンドとなる

※城の各部の名称・構造は、編集部独自調査です

Alice's Tea Party

アリスのティーパーティー

364日誕生日じゃない日を祝う
マッドハッターのふしぎなお茶会

「なんでもない日、おめでとう。誕生日は1年に1日だけだけど、ここでは364日がハッピーアンバースデー（誕生日じゃない日）」。ディズニー映画『ふしぎの国のアリス』に登場するマッドハッターがゲストをふしぎなお茶会に招待する、というアトラクションだ。ゲストが乗るのは大きなティーカップ。なぜゲストが乗れるくらいカップが大きいのか？その答えはアトラクションの入り口にあるカラフルなキノコのせい。映画のなかでアリスがキノコを食べると、体が大きくなったり、小さくなったりするシーンがある。つまり、ゲストは列に並んでいる間にキノコを食べてしまい、カップに乗れる大きさに縮んでしまったというわけか。誕生日じゃない日を祝うパーティーだが、誕生日のゲストももちろん大歓迎。カップに乗る前にキャストに誕生日であることを伝えると、名前をよんで祝ってくれる。さあ、カップに乗ってふしぎな世界を楽しもう。

まわりを見ると映画にちなんだモチーフがたくさん

足が4本生えた大きなピンク色のポットが「アリスのティーパーティー」の目印だ。ふたがちょっと開いている

映画で「なんでもない日おめでとう」をコミカルに伴奏する笛吹きポットが屋根のいちばん上に。カラフルなティーカップも置かれている

入り口付近にはキノコの形をしたカラフルな植栽がたくさん見られる。ティーカップに乗れるのはこれのおかげかも？

待ち時間を表示するのは、ホワイトラビットが「おくれる、おくれる」と大さわぎしながら見る、首から下げていた懐中時計

ハートの女王がゲストを城の晩餐会にご招待!?

ディズニー映画『ふしぎの国のアリス』の世界観をもっと味わいたいなら、「クイーン・オブ・ハートのバンケットホール」へ。ここはハートの女王の城のなかにあるレストラン。トランプの兵隊に迎えられて扉をくぐると、ハートの女王とハートの王が歓迎している姿が見える。ステンドグラスの窓には、マッドハッター、三月ウサギ、セイウチと大工、イモムシ、そして、チシャ猫が描かれている。バラやハートもデザインされていて華やかだ。ゆかいなインテリアに注目。

↑見過ごしてしまいがちだが、メインの扉は映画と同じ、四重扉になっているようだ

てっぺんに見えるのが、ファンタジーランドにある3つ目の城!? 城の前は映画と同じ迷路になっているようだ

"STiR CRAZY? MAKE YOURSELF AT HOME!（クレイジーに回してみるかい？　ゆっくりくつろいで！）"はマッドハッターからのメッセージか!?

Mad Hatter
マッドハッター

眠たそうな目をして、中央のティーポットのなかから顔を出したり、引っこめたりするのはネズミのドーマウス。様子をうかがっているのかな？

Dormouse
ドーマウス

夜になると色とりどりの風変わりなランタンに灯りがともる。ティーカップが回ると、ついたり消えたりするので幻想的な雰囲気に包まれる

カップの中央にあるハンドルを回して回転速度を変えながら楽しめる。天井は映画にも出てきた渦巻き模様で、吸いこまれるような気分になる

Card Soldiers
トランプの兵隊

↑小さくなったアリスの気分で大きなドアノブの鍵穴を通ってハートの女王の城へ入ろう

「アリスのティーパーティー」のまわりの地面が茶色くなっている。これは、回しすぎたカップからこぼれた紅茶か？　こぼれて流れた先は「クイーン・オブ・ハートのバンケットホール」。ピンクとパープルのタイルは、ハートの女王がゲストのために作ってくれた橋のように見える
※編集部独自調べです

"LET THE BANQUET BIGIN！（晩餐会をはじめよう！）"ハートの女王のメッセージか!?

Queen of Hearts
ハートの女王

King of Hearts
ハートの王

Cheshire Cat
チシャ猫

➡どっちに行っていいのかわからない、チシャ猫が持つ案内板はとっても役立たず

←店内の設定は夜空が広がる中庭。城郭が見えて、城であることがわかる

←ステンドグラスが輝くダイニングエリアには『ふしぎの国のアリス』に登場するキャラクターたちが

Dumbo The Flying Elephant

空飛ぶダンボ

大きな耳を翼がわりに
ダンボに乗って大空へ

白とブルーのストライプは、ダンボが人気者になったサーカスのテントをイメージ？

Dumbo　ダンボ

大きな耳を広げたダンボの背中に乗って、ファンタジーランド上空を空中散歩。ダンボのかわいらしい表情と安定感のある飛行から子どもたちに大人気のアトラクションだ。ピンクやブルー、イエローなど5色の帽子をかぶったダンボは、ボタン操作で地上4mまで上昇が可能だ。空から見下ろすファンタジーランドの眺めは最高。ダンボが空を飛べるようになったのは、ミラーボールの上で指揮をとるティモシーマウスのおかげ。ダンボはサーカスで活躍するジャンボのもとにコウノトリが運んできたゾウの赤ちゃん。大きな耳のせいで失敗し、サーカスのなかで笑い物にされていた。それでもダンボの才能を信じていたのはティモシーマウスだ。知り合いのカラスに頼んで、カラスの羽を「魔法の羽」だと言い、これを持つと飛べると勇気を持たせた。それを信じたダンボは、大空を飛び、羽なしでも自由に飛べるようになったのだ。はじめてダンボが飛んだときのよろこびをダンボに乗って感じてみて。

鼻に持っているのは、映画のなかで飛べるようになるとさずけられた「魔法の羽」のようだ

Timothy Q. Mouse　ティモシーマウス

➡白い羽飾りのついた赤い煙突帽に、真っ赤なコートを着ているのがネズミのティモシーマウス。ダンボのよき友だち

Castle Carrousel

キャッスルカルーセル

90頭が連なる白馬に乗って
シンデレラや王子さま気分に

バンドオルガンが奏でる美しいメロディーにのせて、90頭の白馬が優雅に走る回転木馬。ゲストは、シンデレラが馬車に乗って王子さまの待つお城へ向かった物語や、白馬にまたがった王子さまをイメージしながら、思い思いの夢の世界へと走る。白馬は全部で90頭。その表情やポーズ、あおりなどの馬具の装飾や色、形は一頭一頭に異なるデザインが施されている。つまり90頭、1頭として同じものがない。BGMは、「チム・チム・チェリー」「ミッキーマウス・マーチ」「ハイ・ホー」などの11曲。「キャッスルカルーセル」は、昼と夜で乗り比べてみるのもおもしろい。イルミネーションが輝く夜は、さらにファンタジックな雰囲気に様変わりする。気分を盛り上げてくれる白馬は4列体制で、体の大きさに合わせて選べる4つのサイズが並ぶ。内側の2列は子どもがひとりでも乗りやすい小さめサイズ。外側の1列だけは保護者と10歳未満の子どもが一緒に乗ることができる。

天蓋の下には『シンデレラ』の名場面の絵が18枚飾られている。カルーセルが回ると、紙芝居のように絵も回る

カルーセルに乗るすべてのゲストが楽しめるように、90頭はすべて白馬で構成されている。夢見心地でプリンセスやプリンスになった気分を味わおう

首にフリフリをつけた赤ちゃんゾウのダンボ。座席の前のボタンで高さ調整ができる。上のボタンは上昇、下は下降

↑夕方に乗るのもおすすめ。上空から見るファンタジーランドの夜景もステキだ

↑ウォルト・ディズニーは娘たちが回転木馬に乗っている間、ひとりベンチに座って"大人も一緒に遊べるパークを作りたい"と考えた。その夢は15年後に実現した

18枚の絵に描かれたシンデレラストーリー

やさしい父親が亡くなってから、シンデレラは継母とその娘である2人の姉たちに、掃除や洗濯などを任されてばかり。ある日のこと、お城で舞踏会が開かれることになった。シンデレラはネズミたちの協力をえて、着ていくドレスを作るのだが、姉たちはそのドレスをメチャクチャにやぶいて、シンデレラを残して舞踏会へ出かけてしまう。悲しむシンデレラの前に現れたのは、フェアリーゴッドマザー。"ビビディ・バビディ・ブー"と魔法の呪文を唱えると、ネズミは白馬に、カボチャは馬車に、シンデレラはドレスをまとった姿に大変身。お城に着いたシンデレラはプリンス・チャーミングと会い、おたがいにひかれあってダンスを踊る。夜の12時の鐘が鳴ると、魔法が解けることを思い出し、シンデレラは名乗らずにガラスの靴を残してお城から立ち去ってしまう。やがてふたりはガラスの靴をきっかけにめでたく結ばれるというラブストーリーだ。ここから"シンデレラストーリー"という言葉が生まれる。

Mickey's PhilharMagic

ミッキーのフィルハーマジック

美しい音楽と3D映像がシンクロ
ちょっぴりゆかいなコンサート

ゲストはミッキーが指揮者を務めるフィルハーマジック・オーケストラのコンサートにやってきた。ステージマネージャーであるグーフィーがセッティングを完了し、ミニーのアナウンスによって幕が上がるもののオーケストラがいない！　居眠りをしていた担当のドナルドはあわてて飛び起きて準備をするのだが、ミッキーの「帽子にさわってはいけない」という忠告を無視して、魔法の帽子をかぶってしまってハプニングが発生。これに巻きこまれたゲストは、『美女と野獣』『リトル・マーメイド』『アラジン』、そして新たに加わったディズニー＆ピクサー映画『リメンバー・ミー』で少年ミゲルが旅する"死者の国"など、さまざまなディズニー映画の世界を名曲とともに旅することになる。ワイドスクリーンに映し出される3D映像は、ダイナミックで臨場感あふれるディズニー映画の名場面を鮮明に映し出す。あっと驚くサプライズもあり、ハチャメチャだけど楽しいコンサートが体験できる。

両脇にはフラッグが風になびく。ミッキーシェイプが……

シンデレラ城から続いているように見える中世風の石造りの建物

ファサードにある五線譜は1940年に公開された『ファンタジア』の「魔法使いの弟子」のテーマ曲がピアノ譜で表現されている

↑フィルハーマジックとは、交響楽団の「Philharmonic」と魔法の「Magic」を組み合わせた造語。魔法の帽子がコンサートの成功のカギをにぎる

ミッキーが飛び出しているのは、「ミッキーのフィルハーマジック」が3D技術を駆使したシアタータイプのアトラクションだから!?

入り口を入ってすぐのところには、壁一面に五線譜が書かれている。映画『ファンタジア』の「魔法使いの弟子」のシーンのメロディー

3枚の楽譜は、ミッキーマウスの代名詞ともいえる「ミッキーマウス・マーチ」の楽譜の一部。ミッキーにとっては特別な曲だ

展示物にミッキーシェイプあり？

↑魔法のランプからジーニーが出てくるのかと思わせる煙が。光る金貨と宝物の山のなかでアブーのしっぽが動いている。金貨のなかにはコインが3つ連なったミッキーシェイプも

↑ティンカーベルの後ろにネバーランドの地図が広げられている。ときどき、ティンカーベルのピクシーダスト（妖精の粉）で地図がキラキラ光るかもしれないのでお見逃しなく！

↑上からは吹き出した様子のシャンパンと、お皿やフォーク、スプーンが並ぶ。『美女と野獣』の劇中歌「Be Our Guest（ひとりぼっちの晩餐会）」のシーンを彷彿させる展示物だ

Donald
ドナルド

←魔法の帽子を勝手にかぶってしまったドナルドは渦に飲みこまれ、大切な帽子を手放してしまう。ドナルドは帽子を追ってディズニー映画の世界へ迷いこむ

Ariel
アリエル

Flounder
フランダー

♪パート・オブ・ユア・ワールド
「リトル・マーメイド」より

↑魔法の帽子を気に入った様子のアリエル。ゴーグルとシュノーケルを装着して潜ってきたドナルドに宝物のコレクションを見せながら、自慢の美声を聞かせてくれる

Lumiere
ルミエール

♪ひとりぼっちの晩餐会
「美女と野獣」より

↑暗闇にロウソクの明かりが灯され、元給仕長のルミエールが登場。ドナルドをディナーに招待する。お皿やカトラリーが現れ、おいしそうな料理が出来上がって、シャンパンのコルクが飛ぶ

Simba
シンバ

←大きな葉っぱをたてがみにして現れたのは子ライオンのシンバ。動物たちがかぶっている魔法の帽子を追いかけるドナルド。動物たちが万華鏡のようにスクリーンに映る

♪王様になるのが待ちきれない
「ライオン・キング」より

Miguel
ミゲル

Héctor
ヘクター

♪ウン・ポコ・ロコ
「リメンバー・ミー」より

←楽曲に合わせて、ミゲルとヘクターらが歌って踊るステージにドナルドも参加。音楽を禁止していたリヴェラ家の先祖たちもそれぞれ楽器を手にとり、楽しそうに演奏する

↓カラフルで美しい“死者の国”に迷いこんだドナルド。ジャガーの体にワシの翼が生えたペピータの背中に乗って、ノラ犬のダンテとともに大空を飛ぶ

Dante
ダンテ

Pepita
ペピータ

公演ポスターにジョークあり!

↑2022年9月にリニューアルして絶賛開催中の「ミッキーのフィルハーマジック」。ディズニー映画の世界を名曲とともに楽しめるシアタータイプのアトラクションだ

↑ランプの魔人ジーニーのポスターには、“Genie sings the blues(ジーニー、ブルースを歌う)”とある。見た目のBlue(ブルー)と、Blues(ブルース)をかけているのかな?

↑“Ariel's Coral Group”は、“Coral(サンゴ)”と“Chorus(合唱)”をかけたダジャレ。“A Must Sea！”は“Must see”と韻をふんで“見るべき”と解釈できる

↑熱唱するのは、死者の国を支配する王ハデス。“HADES SINGS TORCH SONGS(ハデスがトーチソングを歌う)”とあるがTORCHには“松明”という意味もあるので炎が?

↑“The Wolfgang Trio(ザ・ウルフギャング・トリオ)”はグループ名。オオカミのウルフとモーツァルトの本名ヴォルフガング・アマデウス・モーツァルトの“Wolfgang”をかけた言葉

※ポスターの解釈は、編集部独自調査です

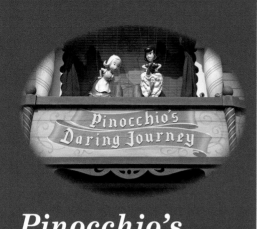

Pinocchio's Daring Journey

ピノキオの冒険旅行

妖精ブルーフェアリーの魔法で命をさずかったピノキオの冒険

映画のなかで、ある晩、人形作りの名人ゼペットは木彫りの操り人形を作った。名前はピノキオ。「わしのピノキオが本当の子どもになりますように……」ゼペットは、夜空にキラキラと輝く「願い星」にそうつぶやいた。「ピノキオの冒険旅行」は、1940年に封切りになったディズニー映画『ピノキオ』をもとに、東京ディズニーランドが開園した1983年4月15日にオープンした。ゲストは4人乗りのトロッコに乗り、『ピノキオ』の世界を旅するようにめぐる。トロッコに乗ったゲストはSTOROMBOLI'S THEATER（ストロンボリ劇場）と書かれた看板の下を通り過ぎる。そこは人形劇場。ピノキオはだまされたことも知らずにステージで陽気に踊る。なんとかそこから逃れるも、さらに誘惑されてプレジャーアイランドへ。行く先々に現れて忠告するのは、ピノキオを正しい道へ導くジミニークリケット。操り人形のピノキオが勇気と正義感のある強い心を持つまでを見てまわる。

ピノキオの物語は入り口に入る前からはじまっている

アトラクションの建物周辺には、『ピノキオ』の物語にちなんだものが点在。それらをつなぎ合わせると、トロッコ乗り場の壁画に描かれた物語につながる。レストルームの入り口の両脇には人間になったピノキオをよろこぶゼペットやフィガロの姿を描いた壁画がある

Gideon ギデオン
Foulfellow ファウルフェロー

↑花壇にいるのはファウルフェローとギデオン。左手のステッキはピノキオをさしている

Figaro フィガロ　Cleo クレオ

↑ゼペットと暮らすネコのフィガロと金魚のクレオの絵がレストルームの横の壁にある

↑妖精の魔法で人間になったピノキオを見て、よろこぶゼペット。この絵はラストシーン

←リンゴと本を持って、はじめて学校へ向かうピノキオの姿が噴水となっている

操り人形のピノキオを見つけ金もうけを企むファウルフェローたち

子どもたちを乗せて馬車が向かっているのは、遊びたい放題のプレジャーアイランド。いずれロバにされてしまう

Coachman コーチマン
Pinocchio ピノキオ

コーチマンとファウルフェロー、ギデオンが学校に行く途中のピノキオに声をかける

アトラクション乗り場の絵には、これからピノキオに関わる登場人物や物語の舞台を示す標識がある。ファウルフェローとギデオンの後ろにいるのは、Red Lobster inn（赤い海老屋の宿）も営む馬車屋のコーチマン。ファウルフェローとギデオンに金もうけの話をもちかけ、ピノキオを悪い道に誘惑しているところだ。

←トロッコ乗り場は人形劇場のチケット売り場ということか。「ストロンボリ劇場、出演ピノキオ、チケットはここで」のポスターに注目

だまされたことも知らずに、ステージでほかの操り人形たちと楽しそうに踊るピノキオ

舞台上部にあるのは人形劇場で金もうけをする劇場の親方ストロンボリの顔のレリーフか

ファウルフェローにそそのかされて
ピノキオは人形劇場で踊る

"大スターになれる"とファウルフェローにだまされて舞台で踊るピノキオ。ショーが終わると、家に帰れないように鳥かごのなかへ閉じこめられてしまう。目の前に妖精のブルーフェアリーが現れると、後ろめたさにウソをつき、鼻がぐんぐん伸びるシーンが。

←ファウルフェローは占いを、ギデオンはハンマー打ちを子どもたちにすすめている？

↓メリーゴーラウンドの先、お菓子でできたリンゴあめ屋から青虫が顔を出している

ふたたびだまされたピノキオは
プレジャーアイランドで遊びに夢中

ストロンボリ劇場から逃げ出し、家に帰ろうとしたピノキオをプレジャーアイランドへ誘うファウルフェローたち。ここはなんでも壊し放題、やりたい放題、悪いことし放題の島。悪いことを続ける怠け者の子どもはロバになって、売り飛ばされてしまう。

←「ピノキオ〜、ピノキオ〜」ゼペットは家に帰ってこないピノキオを捜している

Lampwick
ランプウィック

↑ピノキオと仲良くなったランプウィックが、怠けたバツでロバになってしまった

←目を離したすきに、夜の街でピノキオを見失ってしまったジミニークリケット

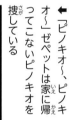

Geppetto
ゼペット

勇気とやさしさを知って
無事に戻ってきたピノキオ

ベッドに座るピノキオを見てよろこぶゼペット。ディズニー映画『ピノキオ』は、最後にはやさしい心を持つ人間の子に生まれ変わる物語。ゲストはここで、キラキラと輝く妖精ブルーフェアリーが現れて消えるのを見ることができる

→狂暴なクジラのモンストロがゲストの目の前に現れた

BEWARE OF MONSTRO!

Monstro
モンストロ

Jiminy Cricket
ジミニークリケット

ゲストの目の前に現れた狂暴なクジラのモンストロが大口を開けて

↑ゼペットとピノキオの感動の再会シーン。ネコのフィガロもピノキオが戻ってきてひと安心のようだ

Peter Pan's Flight

ピーターパン空の旅

空飛ぶ海賊船に乗って
ネバーランドへ

ディズニー映画『ピーター・パン』の世界を上空から体験するアトラクション。ゲストは空飛ぶ海賊船で、ピーターパンやウェンディたちと一緒にネバーランドの冒険に出る。ピータパンは、ウェンディたちの大好きな物語に登場するあこがれの存在だ。子ども部屋にピーターパンの影が横切ると、海賊船は窓から飛びたち、空高くグングン舞い上がっていく。やがて上空から見えるのは一面に広がるロンドンの夜景。そして雲の切れ間に緑豊かな島ネバーランドが見えてくる。人魚の入り江もインディアン村も、みんなウェンディたちが夢に見たネバーランドそのもの。そんなときドーンという爆音とともに大砲の弾が雲を突き抜けた。フック船長の攻撃だ。ネバーランドを見ているうちに、ウェンディたちがフック船長につかまってしまう。ピーターパンは海賊船の上でフック船長と戦っている。

なくした影を取り戻しに
ピーターパンがやってきた

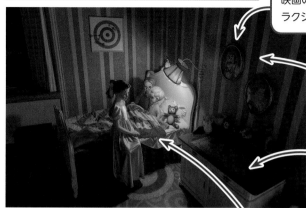

壁に両親の写真が。ウェンディが子ども部屋で眠れるのは今夜が最後。父親にそう言われた映画のシーンか。ここからアトラクションが展開される

キラキラときらめくピーターパンの影がこの壁に現れる

ナナにとられた影はウェンディがこのタンスのなかに大切にしまっているはず

ここはロンドンの静かな住宅街にあるダーリング家。ウェンディは弟のジョンとマイケルに大好きなピーターパンの話をしているようだ

ピーターパンはずっと前からウェンディがネバーランドの話をしているのを知っていた。あるとき飼い犬のナナに見つかり影をとられてしまった。その影を取り戻しにきたピーターパンはウェンディたちをネバーランドに誘う。

海賊船の下に広がるのは
ロンドンのきらめく夜景

海賊船が高度を上げて高く飛ぶと、眼下にロンドンの夜景が見えてくる。街は月明かりに照らされて幻想的に青く輝いている。小さくなった家の窓から明かりがこぼれ、空から見るロンドンの街並みは、まさに息をのむ美しさ。

←ナナが空飛ぶ海賊船の姿に驚き吠えている。足元にはピーターパンやウェンディたちの影が

→海賊船はさらに急上昇。街並みが小さくなり、その先にロンドンの夜景が見えてきた

遠くに見えるのが2つの塔をつなぐタワーブリッジ。テムズ川を行き交う船も見える

中央にかかる橋はロンドンブリッジ。長い歴史があり、童謡でも世界的に有名

ビッグ・ベンの愛称で知られるウェストミンスター宮殿の時計塔。時計の長針にピーターパンたちが

ピーターパン空の旅

ピーターパンが暮らす
ネバーランドに到着

キラキラと輝く海に浮かぶあの島が、ウェンディたちが夢にまで見たネバーランドだ。集まっている子どもたちはロスト・ボーイズ。岩山の向こうには人魚の入り江がある。太鼓の音が聞こえるのはインディアンの村。

Skull Rock

ドクロ岩

フック船長とミスター・スミーが、首長の娘タイガー・リリーを縛り上げたドクロの形の岩

Mermaid's Cove

人魚の入り江

ネバーランドでピーターパンが最初にウェンディを案内した場所だ。人魚たちがいる

Tribe of Indians

インディアンの村

煙が立ち上っているのはインディアンの村。タイガー・リリーは美しく誇り高い、首長の娘

Lost Boys

ロスト・ボーイズ

←ピーターパンのことが大好きな6人。スカンクやウサギなどの毛皮を着ている

Pirate's Cove

海賊の入り江

泣く子もだまるフック船長の海賊船が停泊している広い入り江。ウェンディたちがネバーランドに到着早々、海賊船から大砲の攻撃が

ジョンとマイケルとロスト・ボーイズは甲板の柱に縛りつけられ身動きができない状態

Wendy
ウェンディ

Captain Hook
フック船長

Mr. Smee
ミスター・スミー

過去にピーターパンとの戦いで左手をなくしたフック船長は強いうらみを持っている

Peter Pan
ピーターパン

ウェンディたちが海賊たちにつかまった！ 絶体絶命の大ピンチ。海へ突き落とそうとしている

Crocodile
チクタクワニ

←足場の悪いマストの上でピーターパンとフック船長が手に汗にぎる対決をしている

フック船長の左手を飲みこんだワニ。時計も飲みこんだため、体内からチクタクと音がする

↑フック船長がチクタクワニの口のなかへ落ちそうになり、あたふたしながら大声で助けを求めている

Snow White's Adventures

白雪姫と七人のこびと

女王である継母に美しさを妬まれ
命を狙われる白雪姫の物語

ディズニー映画『白雪姫』は、世界一美しい女性は白雪姫だと知った女王が、彼女を亡き者にしようと命を狙う物語。もしゲストが白雪姫だったら？　ゲストの目の前に魔女に変身した女王が現れたら？　これは白雪姫になったつもりで、魔女の恐ろしさを体験するアトラクションだ。トロッコに乗ったゲストは、窓辺から見下ろす女王の冷たい視線を感じながら暗い城のなかへ入っていく。「鏡よ、魔法の鏡よ、世界で私がいちばん美しい」「それは白雪姫」女王は魔法の鏡の言葉に激怒し、恐ろしい魔女に変身する。ガイコツが横たわる暗い地下牢では女王の残忍さを知り、恐怖の森のなかでは化け物が襲ってくるような怖さを体験する。心やさしい動物たちに導かれてたどり着いたのは、七人のこびとの小屋。平和な時間もつかの間、みにくい魔女が待ちぶせしている。所要時間は約2分30秒。トロッコに乗ったら最後、もう後戻りはできない。

白雪姫が水くみをしていた
お城の前の井戸からスタート

Snow White Wishing Well
白雪姫の願いの井戸

ゲストが乗ったトロッコは井戸のまわりを一周し、こびとの家を見ながら暗い城の奥へと入っていく。井戸は映画『白雪姫』のなかで白雪姫が水くみをしていた場所。女王は白雪姫に下働きをさせていた。映画のなかで、王子さまとはじめて出会ったのもここ。

映画のなかでは、白雪姫が小鳥たちとたわむれながら掃除をしていると、階段の上の塀を飛び越えて王子さまがやってきた

雪のように白い肌、バラのように赤い唇、髪は黒々と輝く白雪姫。たとえ女王がどんな魔術を使おうと、その美しさは隠せない

白雪姫の美しさに嫉妬する女王が、窓からトロッコに乗ったゲストをにらみつける。美しい白雪姫をにらみつけたように

白雪姫の美しさを妬む女王が
恐ろしい魔女に変身する

Magic Mirror
魔法の鏡

自分の美しさに自信を持っていたはずの女王が、鏡の答えに激怒する。女王はみにくい魔女の姿になってふり返る。映画のなかでは魔法の薬でみにくい姿に変身する女王。アトラクションならではの展開だ。映画のシーンを思い出しながら進んでいこう。

白雪姫の美しさを妬む女王。このあと、心のみにくさそのままの魔女となって姿を現す

→魔法の鏡に「世界で私がいちばん美しい」かとたずねているのは、だれよりも冷酷な女王

The Queen
女王

女王の玉座にあしらわれているのはコブラか。ひじかけにはペットのカラスがいる

←壁にあるドラゴンをモチーフにした松明が城内の唯一の道標のようだ

The Witch
魔女

書棚に並べられた分厚い本のなかの一冊。開いているページに毒リンゴの作り方があるようだ

魔女は、魔術の本を見ながら妖しく煮えたぎる大釜に浸して毒リンゴを作っている

奥の扉が開くと そこは女王の秘密の地下牢

Dungeon and Underground Laboratory
地下牢と地下室

「来るんじゃない、帰れー」と暗闇のなかからうめき声が聞こえてくる。ここは城の地下牢。息絶えて白骨化した多くの犠牲者がそこらじゅうに放置されたままだ。さらにその奥へと進むと、魔女がなにやら呪文を唱えながら、白雪姫に食べさせる毒リンゴを作っている。

動物たちに案内されたのは、 陽気なこびとたちの小屋

Dwarf's Cottage
こびとの小屋

森のなかで迷子になり、悲しみと恐怖におびえた白雪姫がたどり着いたのは、七人のこびとの小屋。ドアが開くと、キッチンはお祭りさわぎ。小鳥たちが洗濯物のロープを広げている。隣の部屋では楽器を手に取り、こびとたちがコンサートを楽しんでいる。

←沼に浮かぶ丸太が、恐ろしげに口を開ける人食いワニへと姿を変えている

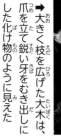

→大きく枝を広げた大木は、爪を立てて鋭い牙をむき出しにした化け物のように見えた

白雪姫が逃げこんだのは 恐怖の森

Forest of Fear
恐怖の森

虫やカエルの鳴き声やしたたる水の音が、不快なうめき声とともに聞こえてくる。薄暗い沼地のような森のなかを必死に逃げる白雪姫の目には、あまりの恐怖心から、果てしなく続くかのような闇夜のすべてが化け物に見えたのかもしれない。

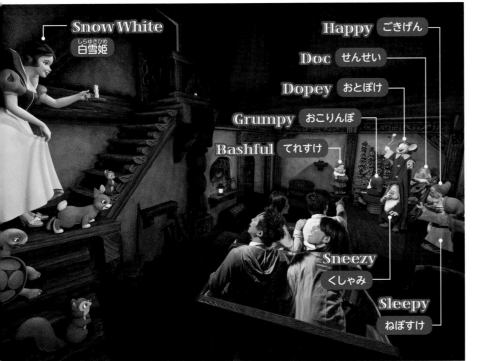

Snow White
白雪姫

Happy ごきげん

Doc せんせい

Dopey おとぼけ

Grumpy おこりんぼ

Bashful てれすけ

Sneezy くしゃみ

Sleepy ねぼすけ

崖の上からゲストを狙う 魔女の最後のたくらみに絶体絶命!?

Cliff Scene
崖のシーン

崖の上から大きな岩をゲストのトロッコめがけて落とそうとする魔女。雷がとどろき、稲妻が空を走るなか、七人のこびとは手をつなぎ崖を登り、ロウソクを照らしながら魔女に立ち向かう。こびとたちの勇敢な行動のおかげで、ゲストは無事出口にたどり着く。

The Seven Dwarfs
七人のこびと

ディズニープリンセスの美しさは
夢見る心とそれを信じる強さから

Cinderella
シンデレラ 1950年『シンデレラ』

どんな試練にも立ち向かい、
夢見ることを決してあきらめない女性

幼いころに母親を亡くし、父親まで亡くしたシンデレラ。いじわるな継母と2人の姉と暮らすことになり、メイドのようにこき使われていた。しかし、どんな仕打ちを受けてもいつか幸せになれると、シンデレラは明るい未来を夢見ていた。そんな強い心と、だれにでもやさしく接する彼女の姿を見たフェアリーゴッドマザーは、シンデレラに美しいドレスとカボチャの馬車を与え、舞踏会へと送り出す。シンデレラはあこがれの王子さまとワルツを踊り、幸せな時間を過ごすのだが、12時の鐘が鳴り、ガラスの靴を片方残してお城を立ち去る。それでも夢をあきらめずに信じた結果、シンデレラに奇跡が起こる。

Snow White
白雪姫 1937年『白雪姫』

森で出会った友だちは、つらいときでも
笑顔にしてくれる夢見る少女の宝物

白雪姫は魔法の鏡がこの世でいちばん美しいと認める美貌の持ち主。その美貌に嫉妬した女王は、白雪姫を召し使いのようにあつかうのだが、純粋でまっすぐな心の美しさは隠すことはできなかった。女王に命を狙われるが、白雪姫はすぐに笑顔を取り戻し、持ち前の明るさとやさしい心は決してなくさず、いつしか真実の愛にめぐり合えると強く信じていた。白雪姫は、森の奥で出会った動物たちやこびとたちとすぐに仲良くなった。しかし、魔女の毒リンゴをかじって深い眠りについてしまう。魔法が解け、眠りから覚めると、目の前にいたのはステキな王子さまだった。

Prince Charming
～プリンス・チャーミング～

←お城で開かれた舞踏会で、シンデレラをひと目見て恋に落ちる王子さま

Fairy Godmother
～フェアリーゴッドマザー～

夢を信じる人の前に現れる妖精。『ビビディ・バビディ・ブー』の呪文で魔法をかける

Prince
～プリンス～

←やさしくてロマンチストな王子さま。ひと目で恋に落ちた白雪姫を捜し続けていた

The Seven Dwarfs
～七人のこびと～

↑鉱山で宝石を採掘するのが仕事。7人それぞれ個性的な性格だが、正義感は強い

勇気があって、怖いもの知らず。ディズニープリンセスたちは夢見る心と信じる強さで、運命さえも変えてしまった。
だれもが、内に秘めた美しさに心ひかれ、物語のなかの試練に息をのむ。
プリンセスたちの笑顔には、自分の手で未来をひらく力がみなぎっている。
だからこそ彼女たちは、いつも輝いているのだろう。そんなあこがれのプリンセスたちの魅力に迫る。

Princess Aurora

オーロラ姫　1959年『眠れる森の美女』

素直な心と気品のある仕草は
まわりの者をやさしさで包む魔法

オーロラ姫の誕生を国じゅうで祝福するなか、魔女マレフィセントは城に招かれなかったことをうらみ、姫に呪いの言葉を贈った。姫は身分を隠し、お城から遠く離れた森のなかで暮らすことに。それでもオーロラ姫はいつか幸せになれると信じ、自分の望みを口にする純粋さと無邪気さを持っていた。16歳の誕生日、森の動物たちと歌いながらダンスの練習をしているとそこに現れたのが、夢で出会ったフィリップ王子だった。そして魔女が宣言したとおり、姫は糸車の針で指をさし、深い眠りにつく。目を覚ますためには真実の愛のキスが必要。オーロラ姫はフィリップ王子のキスで目を覚まし、夢をかなえる。

Belle

ベル　1991年『美女と野獣』

見た目よりも大切なのは
心の奥深くに隠された真実の姿

発明家の父親を持つ美しい娘ベル。読書と空想が大好きで、村ではちょっと変わり者だと思われている。ある日、病を持つ父親の身がわりに、ベルは恐ろしい野獣の住む城で暮らすことを決断する。その勇気と好奇心にあふれるベルの行動力は、野獣の前でも失われることはなかった。偏見を持たず、外見に惑わされない思いやりとやさしさで、お城の住人と仲良くなり、やがてベルは野獣のなかにやさしさが隠れていることに気づく。野獣は、見た目で判断せずやさしく接してくれるベルに、閉ざした心を開き、愛することのよろこびを知る。そしてベルの勇気と聡明さは、すべてにハッピーエンドをもたらす。

Prince Phillip
～フィリップ王子～

The Three Fairies
～3人の妖精～

↑森の奥でオーロラ姫と暮らす魔法使いの妖精。
左からフローラ、メリーウェザー、フォーナ
←愛するオーロラ姫のために、真実の剣で、ドラゴンに変身したマレフィセントに立ち向かう

Beast
～王子～

Gaston
～ガストン～

森の奥深くにある古城の主。魔女の呪いで野獣に変えられた、わがままだった王子さま

←ベルと同じ村に住むうぬぼれや。ベルの美しさにほれこんで妻にしたいと考えている

TOONTOWN

ギャグとユーモアがあふれる
ミッキーと仲間たちが暮らす街

トゥーンタウン

　トゥーンタウンは、アニメーションの要素で形成された、トゥーンの街。みんなが一緒に住み一緒に働く街を作ろうというミッキーのよびかけで、たくさんの仲間たちが移り住むようになった。もともと公開されていなかったが、みんなが訪れてくれたらどんなに楽しいだろうというミッキーの提案で、ゲストを迎えるようになったのだ。ここにはミッキーたちの住宅が並ぶ「ミッキーアベニュー」、市役所を中心に銀行や学校などが並ぶ「トゥーンスクエア」、商業と工業が集中する「ダウンタウン・トゥーンタウン」、そして、ミニーのスタジオがある「ファッション・ディストリクト」がある。トゥーンタウンにはギャグとユーモアがあふれていて、歩くだけで楽しくなってくる!

POWER HOUSE

発電所のドアノブに触れるとビリビリッとくる!? ものは試し、チャレンジしてみて

GAG WAREHOUSE

ここはギャグの倉庫。トゥーンのお笑いに必要な道具のすべてがそろっているようだ

MAIL BOX

私書箱のつまみをひねるとトゥーンの声が聞こえてくる

POSTAL BOX

郵便局の前にあるポストを開けるとおしゃべりをはじめる

R.K.MAROON STUDIOS

R.K.マルーンとは、映画『ロジャー・ラビット』に出てくるマルーンカートゥーン・スタジオの所有者。パレードルートに4つのスタジオが並ぶ

TOONTOWN TEES

トゥーンのためのゴルフ場。ゴルフバッグを見ると、ミッキーやミニーも来ているよう

COIN PARKING

トゥーンタウンにあるコインパーキングは、"VOID(空所)"と書かれていたり、スロットマシンになっていたり、壊れて絆創膏が貼られていたり……使えるのだろうか?

Roger Rabbit's Car Toon Spin
ロジャーラビットの
カートゥーンスピン

ROGER RABBIT'S FOUNTAIN

ダウンタウン・トゥーンタウンには「ロジャーラビットの噴水」がある。ロジャーのハチャメチャな行動で何度も消火栓がなぎ倒され、あたり一面水浸しに。困った住人は緊急会議を開き、彼をたたえる噴水を作ろうと提案。噴水にすれば自分をたたえる噴水の像につっこむことはないだろうと考えた。どうやらそのアイディアは成功したようだ

DOWNTOWN TOONTOWN
ダウンタウン・
トゥーンタウン

TOONTOWN CITY HALL
トゥーンタウン・シティホール

TOON HOLE
足元に注意！ マンホールから声が聞こえてくる!?

MICKEY'S FOUNTAIN

トゥーンタウンが正式に街として承認されたお祝いにミッキーは仲間をよんでパーティーを開いたのだが、演奏中にスプリンクラーの誤作動、嵐の発生、水道管破裂と水のトラブルが多発。そんななかでも、ミッキーはオーケストラの指揮を一度もまちがえることはなかった。ミッキーと楽器たちの栄誉をたたえる噴水だ

Goofy's Paint 'n' Play House
グーフィーのペイント＆プレイハウス

Donald's Boat
ドナルドのボート

TOON SQUARE
トゥーンスクエア

Minnie's House
ミニーの家

Mickey's House and Meet Mickey
ミッキーの家とミート・ミッキー

N T ・クト

Minnie's Style Studio
ミニーの
スタイルスタジオ

MICKEY AVENUE
ミッキーアベニュー

Chip 'n Dale's Treehouse
チップとデールのツリーハウス

Gadget's Go Coaster
ガジェットのゴーコースター

Toon Park

「トゥーンパーク」は芸術家でもあるミッキーが小さな子どもたちのために作った彫刻が並ぶ公園。キリンやゾウ、星形などさまざま。子どもたちはよじ登ったり、またいだり、くぐったりすることができる。地面はフワフワ

TOON LAKE

「トゥーンレイク」はドナルドのボートが浮かぶ湖のこと。裏側からボートが見える滝も見どころのひとつ

Mickey's House and Meet Mickey

ミッキーの家とミート・ミッキー

ミッキーの自宅を訪ねて
映画撮影中のミッキーに会おう

　トゥーンタウンの山のふもとにある黄色い家は、ミッキーのプライベート空間兼映画スタジオ。"ミッキーに会いたい"というたくさんのゲストのリクエストにこたえて、ミッキーはいつでも自由に遊びに来られるように自宅を公開した。玄関を入ると、部屋は「リビングルーム」「書斎」「ランドリールーム」と、いくつかにわかれている。ミッキーは暖炉のそばのイスに座って好きな書籍や地元新聞を読み、書斎では自動演奏ピアノから流れる「ミッキーマウス・クラブ・マーチ」や「ミニーのヨー・フー！」といった曲を聴いていることがわかる。あるいは、ランドリールームで洗濯をしたり、スリッパをかみちぎるいたずらっこのプルートを家のなかに入れて遊んだりもする。部屋に入ればミッキーの日常生活を感じられるものでいっぱいだ。裏庭を挟んで建っているのは「ムービーバーン」。ミッキーはここで映画を撮り、撮影の合間をぬって、ゲストをスタジオに招待し、会ってくれるようだ。

Entry Hall
玄関ホール

↑ミラーの台の上には、「トゥーンタイムズ」の新聞とミッキーマウス・クラブから送られてきた小包や手紙が置かれている

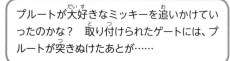

プルートが大好きなミッキーを追いかけていったのかな？　取り付けられたゲートには、プルートが突きぬけたあとが……

スポーツ用品やカバンなどが押しこまれて扉が閉まらない階段下のクローゼット。意外とミッキーは整頓が苦手かも!?

　ミッキーシェイプの小窓がついた開け放たれた玄関を入ると、身だしなみを整えるミラーがあり、壁にはウォルト・ディズニーとミッキーのツーショットやミニーとの思い出の写真が飾られている。2階には上がれないようにゲートが取りつけられている。

暖炉がある部屋には世界のパークの
ミッキー専用のカギが

Living Room
リビングルーム

ミッキーとミニーのツーショット写真。ミニーの家にも同じ写真があるので探してみて

テーブルの上には、家の前に停車しているクルマと同じ形のおもちゃが置いてある

サイドボードには世界のパークのミッキー専用のカギのほか、宇宙服を着たミッキーの写真とともにグリーンチーズ（月の石）が飾られている

　火が焚かれた石造りの暖炉があるリビングルーム。トゥーンタウンの放送局"WACKY ステーション"から音楽やニュースなどが聞こえてくる。暖炉の右横のキャビネットの上にはミッキーの初主演作『蒸気船ウィリー』のボトルシップが置かれている。

ミッキーの思い出が たくさん飾られた部屋

Den
書斎

リビングルームから続くL字形の部屋には、ミッキーのお気に入りの本や大切なものがディスプレイされている。なかには赤ちゃん時代の成長アルバムやベビーシューズ、学生時代の角帽や卒業証書も。自動演奏ピアノやダーツもあり、プライベートがうかがえる。

『HISTORICAL TOONTOWN』と書かれた本を発見！ トゥーンタウンの歴史書!?

テレビラックに無造作に積まれた本のなかに『ELVIS』と書かれたものがある

"Toon TV"製のテレビでは、ミッキーのさまざまなカートゥーンが放映されている

プルートの仕業!? ベッドの上にかみちぎったスリッパが

サイドテーブルにある新聞「トゥーンリポーター」に、ミッキーの家の一般公開を歓迎する記事がトップニュースで報じられている

キャビネットのなかにはウォルトとの写真や赤ちゃんのときの思い出が。必見だ！

ピアノの上に置かれたメトロノームの先に注目！ ミッキーのシルエットが

トゥーンの世界に興味を持ったゲストのために、トゥーンの地球儀が置かれている

きれい好きなミッキーのランドリールーム

Laundry Room
ランドリールーム

ランドリールームに入ると正面に大きな洗濯機がある。ガタガタとフル回転してミッキーの洋服を洗濯中だ。左のバスケットにも、洗濯物がどっさり待機している。ランドリールームを出るときは、ミッキーのメッセージをチェックしよう。

↑ミッキーからの伝言は、のんきなほうき屋さんあて。映画の撮影に使うようだ

"FREEZE DETERGENT"や"TOONOX BLEACH"など見覚えのあるような？ 洗剤が並んでいる

洗濯機の窓をのぞいてみると、ミッキーのグローブがジャブジャブ洗われている

自動演奏ピアノのミッキーシェイプのメロディホールに、ひとつだけグーフィーシェイプが交ざっているので、見つけてみよう

ひざしが差しこむ ミッキー自慢の裏庭

Mickey's Garden
ミッキーの庭

ランドリールームを出ると温室があり、肥料や種の入った袋、手袋やオーバーオールなど、ミッキーが庭仕事をするための作業着や道具がそろっている。地ネズミが顔を出す畑ではカブやニンジン、トウモロコシやキャベツなどが栽培されている。

ガーデニング道具が並ぶ温室。園芸用のエプロンや手袋もある

庭にあるプルートの小屋。この先にミッキーが育てている野菜の畑がある

ミッキー主演映画の小道具や衣装が並ぶ納屋

Mickey's Movie Barn
ミッキーのムービーバーン

トゥーンの世界の小道具が並ぶ部屋。ハンガーラックに服が並んでいるのは衣装部屋。服の下には"STABLE OF STARS"というサインが。"専属スターたち"という意味で、ミッキーたちの額入りの写真が並ぶ。

Prop Dept.
道具部屋

映画『ファンタジア』の「魔法使いの弟子」のなかで恐怖を誘った魔法のほうき？

↑棚の上には映画『ミッキーの大演奏会』で使用されたと思われる太鼓やトランペットなどが勢ぞろい

Donald's Senic Shop
背景画作業所

↓"DUCK at WORK"とは"アヒル作業中"という意味。ドナルドはここで背景画を描いている？

黄色いペンキがべったりとついた缶の上にミッキーシルエットのようなものが

Screening Room
映写室

↑映写室ではグーフィーとドナルドがミッキーの主演作を上演。"上演中につきお静かに"とサインがありながら、2人の言い争う声が

➡グーフィーが作ったミュージックマシーン。ピアノ、ホルン、ドラム、シンバル、ハープがひとつになった独創的なデザインだ

クルマのナンバーは「MU-6-4U」。これは"ミュージック・フォー・ユー"という意味

「Goofy's THeme」の楽譜。ここにもミッキーシェイプがあるので探してみて

Costume Dept.
衣装部屋

➡"STABLE OF STARS"の写真の下にある引き出しに注目！

MINNIE'S BOWS
ミニーのリボン

ASSORTED DUCK BILLS
ドナルドのさまざまなくちばし

BONES FOR PLUTO
プルートの機嫌をとるための犬用の骨

CROC'S CLOAKS
映画『ファンタジア』に出演したクロコダイル、ベン・アリ・ゲーターのマント

MUSHROOM CAPS
映画『ファンタジア』に出演したマッシュルームたちの帽子

HIPPOPOTAMUSES' TUTUS
カバたちのバレリーナ用のスカート

COW BELLS
クララベルがつけるベル

MICKEY'S SOCKS
ミッキーの靴下

GIANT'S SOCKS
映画『ミッキーの巨人退治』の巨人、ウィリーが着用した靴下

みんなの人気者、ミッキーに会えるスタジオ

Sound Stage
スタジオ

ムービーバーンのラストは、ミッキーの撮影スタジオ。ミッキーは映画撮影の休憩を利用して、ゲストに会ってくれるようだ。どんな映画の撮影現場に遭遇できるかは、そのときのお楽しみ。

↓コンダクターの衣装を着たミッキーと楽器が置かれたセットのなかでポーズをとろう

↓魔法使いの弟子の衣装を着たミッキーに会える。流星が飛ぶ、輝く星のなかで撮ろう

『蒸気船ウィリー』

1928年11月18日、ニューヨークの劇場で公開されたミッキーのデビュー作。世界初のトーキーアニメーションで蒸気船ウィリー号に乗ったミッキーが宿敵ピートに立ち向かう物語。そのときの声はウォルト・ディズニーが担当

『ミッキーの大演奏会』

1935年2月23日に公開された、野外演奏会にドナルドが乱入して起こるドタバタコメディ。コンダクターのミッキーは楽団を引き連れて野外で演奏を開始。ところが大嵐が吹き荒れ、演奏中の楽団に大混乱が巻き起こる

『ミッキーの夢物語』

1936年5月30日に公開された映画『鏡の国のアリス』のミッキー版。鏡を通りぬけて別世界の冒険旅行に出かけたミッキーは、ナッツを食べて体が小さくなってしまう。人間のように動く電話や手袋とダンスを楽しむ

『ファンタジア』

1940年11月13日に公開された作品。魔法使いの弟子のミッキーは、師匠イェンシッドの帽子を借りて水くみの仕事をほうきに手伝わせる。しかしうっかり眠ってしまい、水浸しに。魔法を使って大失敗するミッキーが見もの

↑蒸気船の甲板というセットのなか、モノクロ衣装のミッキーと記念撮影ができる

↑大きな帽子やステッキをバックに映画『ミッキーの夢物語』の衣装のミッキーと写真が撮れる

ディズニー・スタジオのスケッチブックのなかから飛び出し、
スクリーンで元気に走り回っていたミッキーマウスが、
ホストとして、エンターテイナーとしてパークで大活躍。
みんなを最高にハッピーにしてくれるミッキーは、
いまや世界の人気者。
ミッキーの軌跡をさかのぼってみた。

MICKEY

ミッキーマウス待望のデビュー

ミッキーマウスの誕生日は1928年11月18日。ミッキーの記念すべきデビュー作『蒸気船ウィリー』が、ニューヨークのコロニー劇場で公開された日だ。当時、サイレント映画があたり前だった時代、ミッキーが口笛を吹いて蒸気船の舵をとりながら登場、音の入ったトーキーアニメーションの上映は世界初の試みだった。生みの親であるウォルト・ディズニーの不安と期待のなか、『蒸気船ウィリー』は観客の心をとらえ、映画史上に残る空前の大ヒットを記録。技術・芸術性の高さが人々に認められ、その後ミッキーが出演する映画はどれも大ヒットとなった。

階段をのぼりスターの道へ

1932年に入るとミッキーは、『ミッキーの子沢山』でアニメーション映画史上初のアカデミー賞にノミネート。同年にはウォルト・ディズニーがオスカー賞を受賞。1942年、ミッキーはついに『プルートのなやみ』でアカデミー賞を受賞した。1955年には、テレビ番組『ミッキーマウス・クラブ』がスタート。月曜から金曜の夕方5時から放映された1時間番組で、ミッキーは曜日ごとに衣装を変えて出演。その人気ぶりは、全米で最高視聴率75%を記録。こうしてミッキーマウスは世界から脚光を浴びるようになった。

ミッキーの誕生ストーリー

ウォルト・ディズニーはミッキーマウスと出会う前、「オズワルド・ザ・ラッキー・ラビット」というウサギのキャラクターでヒット作を飛ばしていた。ところが版権問題で配給会社との交渉がこじれ、残念な

ことにオズワルドはウォルトの手から奪われてしまう。前途多難となったウォルト。そんなとき、ウォルトはスタジオの隅っこをかけ回っていたネズミを思い出し、アニメーターのアブ・アイワークスに話した。アブはウォルトのイメージをもとに新しいキャラクターの製作を開始。逆境のなかでミッキーマウスは誕生した。

ミッキーグッズ旋風到来！

1930年になるとミッキーはスクリーンを飛び出し、新聞やコミック雑誌にも登場するようになった。人気上昇につれて、文字盤にミッキーをあしらった腕時計やミッキーが描かれたコップや食器などの商品が次々と開発され、全米にミッキーブームが巻き起こる。数えきれないほどの商品に、ミッキーが満面の笑顔で登場するようになった。

ハリウッドスターの仲間入り

ミッキーがこれまでに出演した映画本数はなんと121本。演じた役は、船員、パイロット、魔法使いの弟子、指揮者、ピアニストなど、数えきれないほど。明るくて勇敢で、みんなをよろこばせるのが大好きなミッキーは、天性のエンターテイナーぶりを発揮して、人々に夢と感動を与え続けた。ロサンゼルスのチャイニーズ・シアター前には、ハリウッドの映画スターと並んで、ミッキーの手形や足形、そして、ウォーク・オブ・フェイムのスターに名前が刻まれている。

夢と魔法の王国のホストに就任

1955年にカリフォルニアにディズニーランドが開園すると、ミッキーはホストに就任。いままで映画やコミック、テレビでしか会えなかったミッキーと握手をしたり、ハグをしたり、写真を撮ったり、ミッキーはもっと身近なアイドルになった。そしてミッキーは「ディズニーランドは世界でもっとも幸せな場所である」というウォルトの想いを受けつぎ、世界の各テーマパークで活躍している。

ミッキーマウス
MOUSE

Minnie's House

ミニーの家

ミニーらしさが家じゅうにあふれる ピンクとハートのスウィートホーム

　ミニーの家は、ミッキーアベニューにある曲線をおびたラブリーなコテージ風。家は「リビングルーム」「ドレッシングルーム」「キッチン」の3つの間取りで構成されている。一歩入れば部屋のなかはハートでいっぱい。キュートなインテリアにあこがれる人も多いはず。普段愛用している小物や生活雑貨を見たりさわったり、自由に遊べるように、ミニーはこのラブリーな家をゲストに公開している。玄関を入ると「リビングルーム」。ミニーは帰宅すると留守番電話をチェックするようだ。電話のそばには"今日すること"が書かれたメモがあり、それを見ればミニーがどれほどミッキーのことが大好きなのかがわかる。隣の部屋はミニーが愛用するコスメが鏡台に並ぶ「ドレッシングルーム」。いちばん奥にあるのが「キッチン」だ。冷蔵庫のなかにはチーズがたくさん。テーブルの上にはクッキーがあり、オーブンレンジではミッキーのためにだろうか、ケーキを焼いている。ミニーが料理好きだということがわかる。

読書もするミニーのくつろぎ空間

Living Room
リビングルーム

　暖炉の前でミニーは雑誌を読みながらくつろぎ、大きなソファではのんびりと編み物もしているようだ。留守番電話から流れるメッセージはトゥーンの仲間たちからの伝言がいっぱい。もちろん大好きなミッキーからも伝言が入っているようだ。

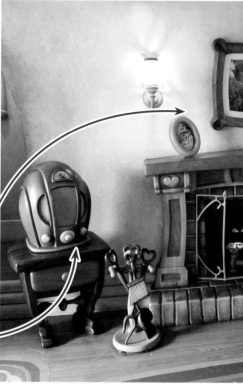

棚の上にはお気に入りのミッキーの写真が。壁にかかっている絵は、ディズニー映画『ファンタジア』のワンシーン

オールドファッションのラジオからはトゥーンのためのゆかいな「WACKYラジオ・トゥーンタウン」のプログラムが流れている

ピンク色の電話のそばには"今日すること"のメモが置いてある。留守番電話を再生して、ミニーあてのメッセージを聞くことができる

ソファの足元には編み棒や毛糸がたくさん入ったカゴがある。ミッキーのセーターでも編んでいるのかもしれない

↑チーズの形のブックエンドにはドールハウスならぬ『A DOLL'S MOUSE(ア・ドールマウス)』などユニークな本が並んでいる

ミニーのおしゃれの秘訣がわかる

Dressing Room
ドレッシングルーム

ハート形のハリウッドミラーの前にはミニー愛用のパフューム、曇りガラス窓の前にはリラックスできるカウチがある。ボタンひとつで洋服のコーディネートが楽しめるハイテクのお着替えマシンでは、ミニーが毎日どのように服を決めているかがわかる。

ハート形のハリウッドミラーを見ると目のなかがハート形に。ミニー愛用の香水のポンプを押すと、いい香りがしてくる

→ボタンを押すと塗り絵ができるハイテクマシン。服の形や色を選ぶことができる

花束の後ろにミッキーとミニーのツーショット写真が飾られている。同じ写真をミッキーの家でも見ることができる

イスのひじ掛けには読みかけの雑誌が置かれている。ロジャーラビットの妻ジェシカが表紙を飾るカタログ誌のようだ

見て、触れて遊べる
ミニーのキッチン

Kitchen
キッチン

ボタンを押すとケーキが焼けるオーブンや食器洗い機、手を伸ばしても届かない不思議なクッキーなど、キッチンには楽しさがいっぱい。英語の意味がわかると笑っちゃうのが冷蔵庫。扉を開けてみよう。ミニーの家にもトゥーンならではのオチがあるのだ。

← 冷蔵庫はチーズだらけ。チーズが入ったアイスクリームChees Chip Ice Cream、マヨネーズに似たCheesanaiseやチーズの酢漬けのCheese Relish Sweet、粉チーズやチーズシロップなど

スイッチを入れるとポットのお湯がわいて、耳をすませば、「ミッキーマウス・クラブ・マーチ」の曲が聞こえてくる

クーポン券

BUY 1 GET 1 FREE
Buy 1 box of Toonogg's Cheese Krispies and Get 1 box of Toonogg's Cheese Bran
（1つ買うと1つ無料。トゥーナッグのチーズクリスピーを1箱買うと、トゥーナッグのチーズブランが1箱無料に！）

オーブンのスイッチを入れるとケーキがみるみるうちにふくらんでくる。きっとミッキーのために心をこめて作ったケーキだ

左上のスイッチを回すと食器洗い機が作動し、カップやお皿がきれいになる!?

お買い物リスト

Sharp Cheddar（シャープチェダー）
Grated Parmesan（粉パルメザンチーズ）
Bleu（ブルーチーズ）
Shredded Provolone（千切りプロヴォローネ）
Gorgonzola（ゴルゴンゾーラチーズ）
Swiss（スイスチーズ）
Muenster（ミュンスター）
Gruyere（グリュイエールチーズ）
Brie（ブリーチーズ）
Colby（コルビーチーズ）
Lite Mozzarella（ライトモッツァレラ）
Edam（エダムチーズ）
Smoked Gouda（燻製ゴーダチーズ）
Cheese Puffs（チーズパフ）
Cheese crackers（チーズクラッカー）
Cheese bread（チーズブレッド）
Cheese Pizza（チーズピッツア）
Cheese cake（チーズケーキ）
Cheese danish（チーズデニッシュ）
Welsh Rarebit（ウェルシュラビット）
Cottage cheese（カッテージチーズ）
Broccoli with cheese sauce（ブロッコリーのチーズソースがけ）

Goofy's Paint 'n' Play House

グーフィーのペイント＆プレイハウス

トゥーントーン・スプラットマスターでグーフィーの部屋を模様替え！

　トゥーンタウンのなかでもひときわ目を引くグーフィーの家は、トレードマークの帽子がてっぺんにのったさまざまなスタイルで組み立てられたガラクタのような、ヴィクトリア朝様式のおかしな寄せ集めになっている。柱がねじれていたり、家がななめにゆがんでいたり、とにかくユニーク。家の模様替えをすることに決めたグーフィーは、ゲストにも手伝ってもらおうとペンキ噴射装置「トゥーントーン・スプラットマスター」を用意した。操作はとっても簡単。噴射の仕方は、"押す""回す""引く"だけ。どれになるかはそのときのお楽しみ！　模様替えのテーマは、ビーチの部屋、ジャングルの部屋、宇宙船の部屋、西部開拓時代の部屋とさまざまだ。壁や棚、テーブルや窓などを狙って噴射しよう。ペンキがつくと家具の様子がどんどん変わっていく。どんな部屋になるかは、ペンキ塗りがはじまってからのお楽しみ。色がついてないところを狙っていこう。

屋根を見ればすぐにグーフィーの家だとわかるトレードマークの帽子が。煙突の先には鳥が巣を作ってしまったようだ

正面のポーチのライトはゼリー菓子の空きびんをライトのカバーがわりに使用しているようだ

ペンキを噴射するだけで部屋の模様替えができちゃう

　ペンキ噴射装置を使って、部屋を模様替えするアトラクション。噴射装置は全部で8台あり、ハンドルで向きを変えながら、ボタンを押す、ハンドルを回す、ひもを引く、を操作。小さな子どもでも簡単に楽しめちゃう！

実はグーフィー、トゥーントーン・スプラットマスターの名人にも選ばれた模様替えの達人

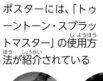

ポスターには、「トゥーントーン・スプラットマスター」の使用方法が紹介されている

グーフィーが「トゥーントーン・スプラットマスター」を受賞した認定証。ドナルドのおじさん、ルードヴィヒ・フォン・ドレイク教授のサインがある

「トゥーントーン・スプラットマスター」のカラーはPRETTY PINK、GOLF GREEN、HONEY YELLOW、VINTAGE GRAPE、REALLY RED、BLUE BIRD、JUICY ORANGE、OCEAN AQUAの8色

カラフルにペインティングされた看板の裏にミッキーシェイプが!?ほかにも家のあちこちで見ることができるので探してみて

ギャグと笑いが育つ グーフィーの家庭菜園

グーフィーは熱心な(?)菜園家で、庭でヘンテコな野菜を栽培中。よく見るとどれもウィットにとんだギャグと笑いにあふれている。少し英語がわかれば、つっこみどころが満載で、だれかに話したくなるネタばかりだ。

← スイカは英語で「Wat-er melon(ウォーターメロン)」。水分が多すぎて水が噴き出ている。これならわざわざ水を与える必要がないかも

→ ピーマンは英語で「Bell pepper(ベルペッパー)」。読んで字のごとく、外見はBell=ベルの形、中身はPepper=トウガラシになっている

↑かかしのことを英語で「Scarecrow(スケアクロウ)」。Scare=怖がらせる、Crow=カラス。カラスは首をかしげてまったく怖がっていない

←トウモロコシは英語で「Corn(コーン)」。すでに葉のなかでポップコーンがはじけて、ポップコーンになっている

↓ハロウィーンの「Jack-o'-Lantern(ジャック・オ・ランタン)」のまま成長したカボチャ。夜になるとそのまま足元を照らすランタンに

↑グーフィーの最新型乾燥機、SPACE AGE DRYER(スペースエイジ・ドライヤー)。宇宙時代の最新型の乾燥機を使用している

↑もともとシンプルだったグーフィーの部屋。テーマによって模様替えがスタートする

↑今回は「ジャングルの部屋」がテーマ。本棚は滝に変わり、ソファはジープに変身する
→手あたり次第にペイントすると、またたく間に部屋が「ビーチの部屋」に変わっていく

Donald's Boat

ドナルドのボート

遊び道具が満載のトゥーンレイクに浮かぶ家

セーラー服がお似合いのドナルドは、アヒルだけあって水辺が大好き。1934年に『かしこいメンドリ』でスクリーンデビューしてから一躍有名に。その忙しさから船に乗る時間がなくなってしまったドナルドは、代わりに船のなかで生活するようになった。そして、ミッキーに誘われて、故郷ダックハーグからこの美しいトゥーンレイクへ引っ越してきたのだ。ボートの名前は「ミス・デイジー号」。ドナルドのガールフレンドの名前だ。ドナルドがかぶっているセーラー帽の形をした屋根がこの船の目印。ドナルドは船と陸地を結ぶタラップをおろし、ゲストが自由にボートに入れるように歓迎している。船内は船乗り気分を味わえる道具でいっぱいだ。1階のキャビン（船室）には、バスタブとハンモックがある。2階は舵輪や汽笛、展望鏡などがある操舵室。舵輪を回して舵をとってみたり、ランプを光らせてみたり、汽笛を鳴らしてみたり、船長気分が楽しめる。

マストのロープには帆ではなくドナルドの洗濯物が風になびいている。よく乾くみたい!?

→青いセーラー帽の形で、ひと目でドナルドのボートだとわかる。汽笛を鳴らして楽しもう

船をトゥーンレイクに運ぶアイディアをくれたデイジーへの感謝の気持ちでドナルドがつけた船首像

トゥーンレイクに浮かぶ郵便ポスト。郵便屋さんは郵便物をここに入れることができるのだろうか心配！

トゥーンタウン唯一の滝トゥーンフォール。滝の裏側から「ドナルドのボート」を見ることもできる

天井からつながる2本のロープは右が鐘で左が汽笛。引っ張ると音が鳴る。ボタンを押すとランプが光る

展望鏡をのぞくとドナルド出演の短編映画の名場面が上映中!? なにが見えるのか、確認してみよう

Wheelhouse 操舵室

→舵輪をにぎって船長気分を味わおう。正面に「ミッキーの家とミート・ミッキー」が見える

↑舵輪の反対側にディズニー短編映画『ミッキーの船大工』でドナルドたちが作ろうとした船の写真がある

Cabin 船室

ネットが張られた奥はドナルドのプライベート空間。寝心地のよさそうなハンモックがかかっている

バスタブに潜望鏡？ のぞいてみると、ヒューイ・デューイ・ルーイのだれかがこちらを見ているぞ？

バスタブの上は吹き抜けで空が見える。パラソルのおかげで雨が降っても安心。でもこの大きさで大丈夫？

クァクァフォンとよばれる伝声管。話した声は操舵室に届く。友だちや家族と会話を楽しもう

ネコ足ならぬ、アヒル足のバスタブ。おもちゃやせっけん、シャンプーボトルがプカプカ浮かんでいる

ハンモックの脇にはアヒルの足の形をした防水長靴が。ちゃんと水かきがついていてカラーもしっかりアヒル色

寝室にはデイジーの写真が飾られている。ウォルト・ディズニーとドナルドの貴重なツーショット写真も

Chip 'n Dale's Treehouse

チップとデールのツリーハウス

大きなドングリがなる
シマリスコンビのツリーハウス

チップとデールは、いたずら好きの陽気なシマリスコンビ。住んでいるのは、ミッキーアベニューのいちばん奥にある大好きなドングリのなる大きなカシの木だ。チップとデールは、何年もかけて一年中ドングリの実のなる木に成長させながら快適なマイホームを作ったようだ。ツリーハウスのなかはらせん階段があり、ドングリの実がなる木の上まで登れる。部屋にはチップとデールの写真が飾られていたり、ピーナッツバターやドングリバターなどのツボが置かれていたり、手作りの家具があったり、ふたりの生活を見ることができる。収穫したあふれるほどのドングリの実は、ツリーハウスの裏にあるドングリバター製造機でバターになっているようだ。ボードには、ミッキーやミニー、ドナルドなど、仲良しのキャラクターから注文が殺到!? 出来栄えは上々のようだ。夜になるとドングリを使った外灯に明かりがともる。夜に訪れるのもいいかも。

らせん階段の上には出口が2つあり、一方は下へ降りる階段、もう一方はドングリが保管されているサイロへ続く橋へ

チップとデールの家は立派なカシの老木でできている。2人のお気に入りの住まいだ

ドングリがなるカシの木の家。日が暮れるとドングリのランタンに明かりがともる

チップとデールがドングリバターを作るために発明した装置が老木に設置されている

注文リストには、ミッキーやミニー、ロジャーラビット、グーフィーなどの名前が

ドングリの殻を割る粉砕機のボタンを押すとドングリの殻が割れる音が聞こえる

下にはドングリバターをツボに詰める注入器がある

小さな扉は部屋に通じる勝手口？ チップとデールが出入りできる大きさのようだ

↑手作りの棚の上には、カシューナッツバター、ドングリバター、ピーナッツバターが並ぶ

99

Gadget's Go Coaster

ガジェットのゴーコースター

リサイクル上手のガジェットの ガラクタ仕立てのコースター

ここは天才発明家ガジェットの家。ガジェットは、アメリカで1989年から1990年に放映されたテレビ番組シリーズ『チップとデールの大作戦』で、天才的な発明能力が認められ救助隊員として活躍したネズミの女の子。そんな彼女はトゥーンタウンのだれもが認めるリサイクルの達人だ。ガジェットは、トゥーンのさまざまな落とし物やいらなくなったガラクタを利用して、驚くようなマシンを作ってしまう。数ある作品のなかで彼女の自信作は、自宅の庭に作ったコースター。曲がりくねったコースを猛スピードで走り、ときには水面すれすれを走行するなど、小さくてもスリルは満点。乗り場へ続く道には、橋の手すりにマッチ棒や歯ブラシ、ハサミが使われ、柱にはえんぴつ、柵にはクレヨンが再利用されている。エントランスを入ったところから、なにもかもが大きく見えるのは、小さくなったゲストがネズミのガジェットの目線で見ているからだ。

トゥーンタウンでいちばん速い ドングリで作ったコースター

ガジェットはガラクタをよみがえらせる天才発明家。イマジネーションをふくらませて何度も設計図を作り、完成したのがドングリをくりぬいて作ったコースター。パーツはトゥーンタウンで集めた廃棄物。乗れば想像以上のスピード感を味わえる。

↓この事業には、トゥーンタウンのたくさんのキャラクターが関わっていることがわかる

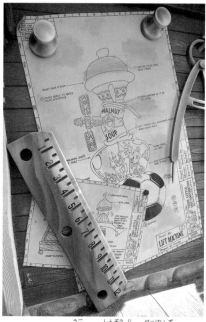

↑コースターを動かす心臓部の設計図。サッカーボール、空き缶、空気入れなどを使用。完成した装置はアトラクションに乗っているときに見ることができる

建設を請けおったのは、「The THREE LITTLE PIGS CONSTRUCTION CO.」とあるとおり、三匹の子ぶたの建設会社。プロジェクトデザイナーはガジェット、マネージャーは三匹の子ぶたのプラクティカル、承認したのはトゥーンタウン名誉市長のミッキー

↑建物には何枚もの設計図があり、なかには「REJECTED（不合格）」のものも。コースターは試行錯誤の末に完成した

天才発明家ガジェットがライドに利用したのは、チップとデールからもらったドングリ

コースターが通るとカエルが水鉄砲攻撃を仕掛けてくる。うまくよけられるか？

↑ガジェットはいろいろなガラクタを組み合わせて新しい装置を作る天才発明家のネズミ

➡天井には屋根裏に続く青い扉が。ここはガジェットの部屋？　縄ばしごを下げて地上に降りているようだ

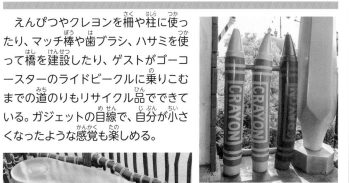

コンパクトなだけにスリリングな360度の高速ループ。遠心力と浮遊感を全身で味わえる

工夫次第でガラクタも部品に早変わり

えんぴつやクレヨンを柵や柱に使ったり、マッチ棒や歯ブラシ、ハサミを使って橋を建設したり、ゲストがゴーコースターのライドビークルに乗りこむまでの道のりもリサイクル品でできている。ガジェットの目線で、自分が小さくなったような感覚も楽しめる。

↑クレヨンは柵に、えんぴつは屋根を支える柱に、カラフルなストローは配管のパイプに利用

↑ボルトとレンチを使ってゲストが座れるベンチを作製。ひと休みするのに便利かも

↑赤い電卓は半分地面に埋めて手すりに使用。通路のアクセントになっている

➡マッチ棒の箱はONとOFFのスイッチに改造。これがコースターの主電源？

➡キャラクターミットはコースターを高いところまで巻き上げるリフトのかわり

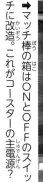

↑ハサミ、歯ブラシ、マッチ棒。ガジェットにかかればステキな橋の手すりに早変わり
➡裁縫の途中だった!?針と糸とボタンが、インパクトのある柵に

↑ボルトを使用した親子で向き合って飲める水飲み場。地面の刺さり具合がリアル

Minnie's Style Studio

ミニーのスタイルスタジオ

ようこそファッション界で活躍するミニーのスタジオへ！

トゥーンタウンの入り口にある水玉模様の大きなリボンが目を引く建物は、「ミニーのスタイルスタジオ」。世界で活躍するファッションデザイナーのミニーマウスの活動本拠地だ。入り口を入ってゲストが最初に訪れるのは、ピンクを基調としたミニーのモチーフいっぱいのロビー。世界で活躍するミニーの実力がひと目でわかる。次の部屋は、ミニーがデザイン画を制作するオフィス。ミニーのファッションセンスが光る仕事場だ。そして衣装を縫製する広々としたワークルームなどを見学したあとは、待望のフォトスタジオへと案内される。ここではとびっきりおしゃれな装いをしたミニーと会うことができる。季節感あふれるコスチュームで、ミニーはゲストを出迎えてくれる。あいさつはもちろん、一緒に写真を撮ることもできる、ゲストの夢がかなうスタジオだ。くれぐれもカメラを持って行くのを忘れずに。

ピンク色とハート
ミニーのモチーフがお出迎え！

Lobby
ロビー

ミニーシェイプのサボテンやハート形のイスなど、デザイナーミニーのキュートなセンスがあふれるロビー。レセプションデスクの後ろのショーケースにはミニーがこれまでに受賞した多くのトロフィーなどが飾られている。

離席している受付担当はJANICE（ジャニス）。従業員の月間賞を受賞し、写真が壁に貼られている。ミニーの秘書で、スタジオ全体の仕事をこなす

天井にはミニーシェイプにトレードマークのリボンが。これを見ただけでテンションUP

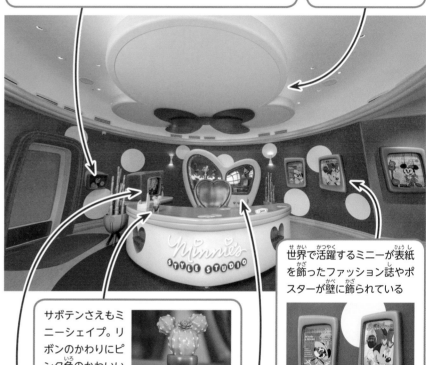

世界で活躍するミニーが表紙を飾ったファッション誌やポスターが壁に飾られている

サボテンさえもミニーシェイプ。リボンのかわりにピンク色のかわいい花が咲いている

テレビモニターではデザイナーとして活躍するミニーにスポットを当てた番組が流れている

テレビ台もミニーがモチーフ。カラフルでポップなアールデコタイプのデザインだ

↑"SPECTACULAR SPECTACLES OF THE YEAR（目を見張る眼鏡オブ・ザ・イヤー）"を受賞しているようだ

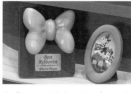

↑"Best Ribbonist（ベストリボニスト）"リボンが似合うクララベルと受賞したよう

↑ハート形のショーケースにミニーが受賞してきたトロフィーや賞状が飾られている

「ウッドチャック・グリーティングトレイル」のデイジーのコスチュームデザイン画が貼られている

ボードには、クラリス、デイジー、クララベル・カウのために制作している洋服のデザイン画が

ミニーは次なる最新ファッションを考案中のよう。トレンドをおさえたスタイリッシュなデザイン画が4案進行中？

床にも天井にもミニーをイメージさせる水玉が。ロビー同様オフィスもピンク色が基調となっている

ゴミ箱にあふれる失敗は、ミニーの成功の基。小さなことでもくじけない仕事に対する姿勢が見える

ライトもカーペットも水玉 個性が光る明るいオフィス

Minnie's Office
ミニーのオフィス

光が差しこむこの部屋は、洋服のデザインに取り組むミニーのオフィス。インスピレーションを形にしたデザイン画を、大きなコルクボードに貼りつけて出来栄えを確認中。ミッキーからの手紙やクラリスからの注文メモにも注目。

書棚には専門誌のほかに、『ミッキーの巨人退治』に出てくる仕立屋ミッキーの本も

⬇オフィスの一角には書棚も。世界的に有名になってもファッションの勉強は欠かさないようだ

⬆"NIMBLE THIMBLE AWARD（軽快な指ぬき賞）"すばらしい裁縫技術が認められたのだろう

⬆おそろいのシャツを作ったチップとデールからの感謝状。ドングリが入ったカップが飾られている

小さなコルクボードにはやることリストや、ミッキーからのメッセージがピンナップされている

斬新なデザイン画が貼られたボードには、受付のジャニスやグーフィー、クラリスからのメッセージが

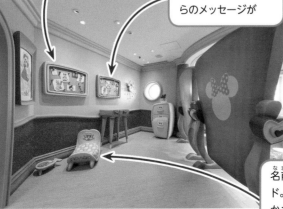

⬆大きなコルクボードの裏にはミニー自身のデザイン画が飾られている。ペットのネコのフィガロのスペースもある

名前入りのフィガロのベッド。これもミニーのデザインかな？　すぐわきにはエサとミルクのトレイが

お茶を飲みながらくつろぐスペース。イスの横にはファッション雑誌が。どんな雑誌を読んでいるのかな？

生地やミシン、アイロンなどが並ぶ 洋服を縫製する作業場

Work Room
ワークルーム

長い作業台の周辺にはステキな模様がプリントされた生地や縫い針、糸、ミシンなど、縫製に欠かせない裁縫道具が並んでいる。アイロン台には焦げ跡が……。忙しいときはミニーもうっかり失敗しちゃうことがあるみたい。

フィガロがワークルームに侵入してきたようだ。ペンキの足跡をたどると、化粧箱あたりからひょっこり顔を出す

ミシンはミニーのサイン入り。ハンドルにハートがついたピンク色。生地を縫い合わせるのに使用しているよう

服にペンキをかけたような跡が。ワークルームにあるペンキは、ファッションのデザインに使うためのもの!? なんて大胆!

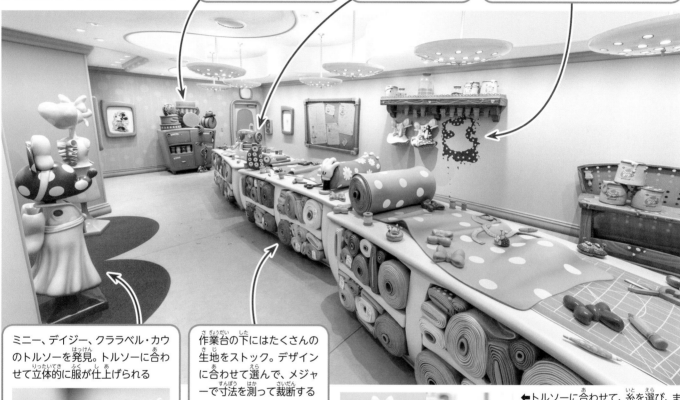

ミニー、デイジー、クララベル・カウのトルソーを発見。トルソーに合わせて立体的に服が仕上げられる

作業台の下にはたくさんの生地をストック。デザインに合わせて選んで、メジャーで寸法を測って裁断する

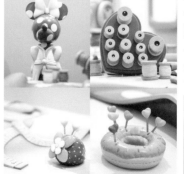

←トルソーに合わせて、糸を選び、まち針で固定して、イメージどおりの服を作る様子がわかる

↓アクセサリールームには、ミニーが作った帽子や靴、リボンなどのファッションアイテムが置かれている

➡フィガロが水玉模様のペンキに足を突っこんだのか、あちこちにフィガロの足跡がペタペタついている

➡ミニーもたまにはこんなふうにアイロン台を焦がしてしまうこともあるようだ

Spring
春（はる）

Summer
夏（なつ）

Autumn
秋（あき）

Winter
冬（ふゆ）

ミニーがお待ちかね
季節（きせつ）の装（よそお）いで写真撮影（しゃしんさつえい）

Photo Studio
フォトスタジオ

フォトスタジオでデザイナーの
ミニーとご対面（たいめん）。季節（きせつ）に合（あ）わせて
コスチュームを変（か）えるのは、おし
ゃれにこだわるミニーならでは。
春（はる）は色鮮（いろあざ）やかなワンピースで登（とう）
場（じょう）。夏（なつ）はリゾート気分満点（きぶんまんてん）だ。

※季節（きせつ）によって、ミニーのコスチュームが変（か）わります。

105

Roger Rabbit's Car Toon Spin

ロジャーラビットのカートゥーンスピン

ジェシカがさらわれた！
キャブに乗って助けに行こう！

1988年に公開された話題作、アニメーションと実写を融合させたディズニー映画『ロジャー・ラビット』がモチーフになったアトラクションだ。ストーリーは、ロジャーをおびき寄せるために妻のジェシカが誘拐された。誘拐犯は悪党のイタチ軍団。ジェシカが聞いた情報によると、イタチ軍団はアニメで描かれたすべてのものを溶かす猛毒ディップを使って、トゥーンたちを溶かしてしまおうと企んでいるようだ。ゲストはジェシカを救いに向かうロジャーを追って、イエローキャブで追跡する。ところがイタチたちが道路にまいたディップで、ゲストの乗ったイエローキャブはコントロールを失ってしまう。くるくるスピンしたり、スライドしたり、ハンドルをとられて操作ができない。パワーハウスへ迷いこんで感電したり、大爆発で宙に飛ばされたり、ゆかいなハプニングが続出する。ハチャメチャな運転で、ロジャーは無事にジェシカを救って戻ることはできるのか？

キャブの乗り場までの路地裏は悪イタチたちがいる危険地帯

INK ＆ PAINT CLUBの小窓からボンゴ・ザ・ゴリラが顔を出し、「合い言葉を知らねえヤツは入れるわけにはいかねえ、帰れ」と怒鳴る

窓にジェシカのシルエットが映る。隣のゴリラに気をとられて見逃さないように

探偵トビー・タートルのポスターを発見。さまざまな事案をゆっくりと解決してくれそうだ。ダウンタウン・トゥーンタウンに事務所がある

トゥーンタウン・キャブカンパニーはトゥーンタウン唯一のタクシー会社。ジェシカがロジャーに電話してきた内容によると、イタチたちは猛毒ディップでトゥーンタウンを壊滅させる計画を企てているようだ。

キャブカンパニーのガレージからレニーに乗って追跡

ベニー・ザ・キャブを筆頭にすべてレニーという名のいとこたちが走り回る。トゥーンのクルマだからなにが起こるかわからない。さぁ、ジェシカを救いにロジャーのあとを追いかけよう。

→キャブに乗って通りに出たと思ったら、標識も消火栓も、ゴミ箱もくるくる回っている

↑ジェシカがクルマに押しこめられてイタチ軍団に誘拐された。早く助けに行かないと大変

←悪党のイタチ軍団が猛毒ディップを道に流しはじめた。ロジャーが乗っているベニーのタイヤが溶けてスピンを起こしている

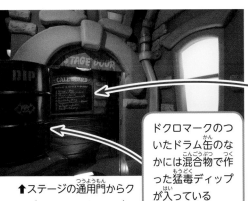

↑ステージの通用門からクラブにもぐりこむことができる。出演者の控え室の前を通ると、ジェシカのあわただしい声が聞こえてくる

↓映画『ロジャーラビット』といえばこのポスター。物語はここからスタート

楽屋前には出演者のリストが。ジェシカの出番は7番目。グーフィーやミッキー、ミニーやクララベル・カウ、ドナルドも控えているようだ

ドクロマークのついたドラム缶のなかには混合物で作った猛毒ディップが入っている

ベビーカーに乗っているのはベビーハーマン。見た目は赤ちゃんで中身はおじさん。トゥーンだから何年たっても成長しないのだ

読んでいるのは競馬新聞。この馬は1929年『ミッキーの畑仕事』で登場したホーレス・ホースカラー。パークのグリーティングにも登場する

←猛毒ディップは、アセトン、ベンゼン、テレビン油をかき混ぜた溶液。取り扱いには注意

→暗い路地裏にイタチ軍団のボス、スマート・アスの指名手配書が。罪名は"トゥーンの誘拐罪""ちょっとした窃盗罪""すごい窃盗罪""もっとすごい窃盗罪"など

ダジャレだらけのナンバープレート

2N TOWN	トゥーンタウン
MR TOAD	ミスター・トード
1D N PTR	ウェンディ・アンド・ピーター
B B WOLF	ビッグ・バッド・ウルフ

1DRLND	ワンダーランド
IM L8	アイム・レイト
CAP 10 HK	キャプテン・フック
101 DLMN	101ダルメシアン
RS2CAT	アリストキャット
L MERM8	リトル・マーメイド
FANT C	ファンタジー
ZPD2DA	ジッパ・ディー・ドゥー・ダー
3LIL PGS	3リトル・ピッグス

←不気味な光を放っているのは、高圧電流が流れるビッグジェネレーター。クルマに乗った侵入者に蒸気を噴き上げて怒っている
→感電、そして大爆発。その勢いでロジャーとゲストは地球から吹き飛ばされてしまう。星がアニメのように頭のまわりをめぐる

←縄で縛られていながら大きな鈍器でイタチの手下を一撃。次に狙うのはウィージーだ

←ロジャーはインスタント穴を持って、即席の抜け穴を作ってくれた。ゲストのキャブは猛スピードでインスタント穴を走り抜ける

勝手気ままなトゥーンのおかしくて楽しい商業施設

トゥーンタウンは、文字どおりアニメーションの世界に生きるトゥーンの街。学校もあれば、市役所もあり、裁判所だってある。ただちがうのは、学校なのに字がまちがっていたり、金庫屋とは思えない安全をウリにしていたり、おかしいことだらけ。クスッと笑える施設を紹介しよう。

3rd LITTLE PIGGY BANK
3rd リトルピギー銀行

ドアの上にはハンマーが。"IN CASE OF EMERGENCY BREAK PIG"（緊急のときはブタの貯金箱を壊そう）と書いてある。屋根の上のブタのオブジェはお金が入った貯金箱!?

TOBY TORTOISE DETECTIVE AGENCY
トビー・タートルの探偵事務所

←ウサギのマックス・ヘアとのレースで勝ったカメのトビーは常に「ゆっくり着実に」をモットーに成果をあげてきた。犯人逮捕や犯罪を解決するために日々努力しているようだ

TOONTOWN TEES
トゥーンタウン・ティーズ

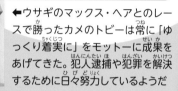

←ここはトゥーンたちがゴルフを楽しむ場所だ。ミッキーやミニーも自分のクラブを持ってやってきたようだ。ドナルドのクラブは折れたり、曲がったりしている

TOONTOWN FIRE DEPARTMENT
トゥーンタウン消防署

↑以前、消防署は別の場所にあったが、花火工場のトラブルが多いため、隣に引っ越してきた。消火ホースもしまうのをやめて警鐘塔の上に巻きつけておくことにした

FIREWORKS FACTORY
花火工場

→毎日のように花火が爆発して、保険会社が破産してしまったのだとか。建物からロケット花火が飛び出し、工場の外にダイナマイトの起爆装置が置きっぱなしにされている

DR. DRILLUM
ドクター・ドリルム

↑歯医者でドリル…ム？しかもドリルに吊り下げられた歯が目印に。あら療治をしているようだが、ミッキーの家に歯の定期検診を受けているメモがあったので、大丈夫（?）だろう

CLOCK REPAIR
時計修理

→ここはちゃんと直らない時計店!?看板の時計はバンソウコウが貼られていたり、部品が飛び出していたり、長針が糸で縛られていたり、かなりアバウトな腕前のように見える

GLASS FACTORY
ガラス工場

←トゥーンはガラスを見たら壊したくなるすばらしいクセがある。トゥーンがいる限り、ガラス工場は仕事がなくなることはない。壊れたガラスの修理はガラス工場におまかせしよう

POWER HOUSE
発電所

←トゥーンたちにとってここは魅力的な場所。髪型を立たせたいと思ったらトゥーンは発電所を目指す。レントゲンを撮りたいときも同じ。答えは簡単。感電すればいいのだから

TOONTOWN CITY HALL
トゥーンタウン・シティホール

トゥーンタウンの中心にある市役所。ハチャメチャなこの街で市役所がきちんと決まり事を作っているとは思えないが。ベルが鳴ると扉が開いてキャラクターが登場する

COURT HOUSE
裁判所

ギャグといたずらが日常化しているトゥーンの社会では、裁判所は重要な機関。混沌の世界になるのを防いでくれる唯一の存在なのではないかと思われるが……

DEPT. OF STREET REPAIR
道路補修局

トゥーンの街では道路工事は日常茶飯事のよう。看板には道路とマンホール、工事用バリケードがデザイン。マンホールのなかに文字が落ちそうになっているのがユニーク

Toontown SkooL
トゥーンタウン・スクール

HUFFIN & PUFFIN WRECKING Co.
ハフィン&パフィン・レッキング・カンパニー

➡『三匹の子ぶた』に登場するビッグ・バッド・ウルフがHuffing（ひと吹き）、Puffing（ふた吹き）で建物を吹き飛ばす解体会社。子ぶたのレンガの家は吹き飛ばせなかったけど……

↑屋根にベルがあるが、授業がはじまるベルが鳴っているのを聞いたことがない。ちゃんと勉強をしているトゥーンがいるなら、「School」のスペルをまちがえることはないはずだが!?

Insurance Company
保険会社

➡「大爆発に巻きこまれた」「スチームローラーにひかれた」など、トゥーンのケガを補償する会社。入り口には「倒産!! 破産!! 永遠に閉鎖!!」の張り紙が。トゥーンに災難はつきもの

I. PickeM LocksmitH
I.ピッケン・ロックスミス

➡カギをなくした、カギが開かないなど、カギのことならおまかせ。ちょっと待って。I.ピッケン＝I pick themを意味するとしたら「私は盗む」。ここにカギを預けて大丈夫か!?

SAFE COMPANY
金庫カンパニー

THREE LITTLE PIGS' CONSTRUCTION CO.
スリーリトルピッグ・コンストラクション・カンパニー

MAX'S HAIR RESTORATION
マックスのヘア・レストレーション

↑マックス・ヘアといえば長距離ランナーで有名だが、彼が得意なのは髪の毛を増毛させること。大事なレースでトビー・タートルに負けてから、髪の毛を生やす化粧品の販売をはじめた

OLD CURIOSITY SHOP
プロフェッサー・ルードヴィッヒ・フォン・ドレイクの骨董店

↑あらゆる素材で理想的な家造りを目指す会社。ミッキーの納屋も「ガジェットのゴーコースター」の建設も彼らの手によるもの。頑丈でリーズナブルな価格をウリにしているようだ

Goofy's GAS
グーフィーのガス

←マフラーからバックファイアーを起こしたり、エンジンをノッキングさせたり、愛車をグーフアップしてくれる。しかも柱に書かれているとおり、空気や水をただで提供している

↑ドナルドのおじのルードヴィッヒ・フォン・ドレイクが経営する店の名はチャールズ・ディケンズが書いた小説の題名。実はスクルージも『クリスマス・キャロル』の主人公の名

↑貴重品を安全な場所に保管したいと思ったら、金庫カンパニーへ。2階の窓から落としても絶対に開かない。しかし、なにより安全をウリにしているのに、ロープが切れて大丈夫か?

TOMORROWLAND

無限の可能性が広がる
未知の領域に踏み出せる世界

トゥモローランド

ウォルトは科学者たちが予言する未来をだれよりも早く実現したいと願い、トゥモローランドを作った。スリルとスピード、幻想に満ちた銀河系宇宙の夢は、無限に広がる宇宙空間を疾走する「スペース・マウンテン」として登場。ウォルトの夢とロマンは後世にしっかり受けつがれ、「スター・ツアーズ：ザ・アドベンチャーズ・コンティニュー」は、3D映像とフライト・シミュレーターを組み合わせることで、来るべき宇宙時代の観光旅行の臨場感あふれる疑似体験を可能にした。宇宙は人類に残された最後のフロンティアであり、夢とロマンにあふれている。トゥモローランドは無限の可能性が広がる未知の領域に踏み出せる世界なのだ。

Little Green Men

リトルグリーンメンご一行様。記念に写真を撮っているようだ。一緒に並んで写真を撮ろう

Monolith

左右対称の高い塔が印象的なモノリスが、ゲストを"科学とテクノロジーが調和する明日の世界"へ誘う。塔の下からは水が噴射している

Pan Galactic Pizza Port

「パン・ギャラクティック・ピザ・ポート」は創業604567年を誇る銀河系ピザチェーン店。その太陽系第1号店がここ。イタリア系宇宙人トニー・ソラローニが全自動ピザ製造マシン"PZ-5000"で作ったおいしいピザを販売中

Solar Collection Tower

太陽エネルギーも集める役割を担う、太陽熱集積タワー。集めたエネルギーは、「パン・ギャラクティック・ピザ・ポート」のソーラーシステムオーブンに送られる

Monsters, Inc.

舞台はモンストロポリスにある会社「モンスターズ・インク」。映画では入り口に「WE SCARE BECAUSE WE CARE（真心こめて脅かします）」とあったが、アトラクションの外観では「IT'S LAUGHTER WE'RE AFTER（私たちは笑いを追い求めます）」になっている。それは映画のあとのストーリーだからだ

The Big Pop

東京ディズニーリゾート初のポップコーン専門店。宇宙のはじめの大爆発とされる"ビッグバン"を表現したポップコーンのシャンデリアが印象的。きらめく星が描かれた天井にはベイマックスが現れることも

The Happy Ride with Baymax
ベイマックスのハッピーライド

Treasure Comet

「トレジャーコメット」の前には、彗星をモチーフにしたオブジェがある

Buzz Lightyear's Astro Blasters
バズ・ライトイヤーのアストロブラスター

Stitch Encounter
スティッチ・エンカウンター

Tomorrowland Sculpture

宇宙と未来をテーマにしたトゥモローランドを訪れるゲストの好奇心と想像力をかき立てる、太陽系を表現した彫刻

★ Space Mountain
スペース・マウンテン

Astro Zone

Planet M

ミッキーが見つけた小さな惑星「プラネットM」。この星ではオモチャの原料となる物質が発見された。ミッキーの監督のもと、おもちゃが生産、販売されている

Star Tours:The Adventures Continue
スター・ツアーズ：ザ・アドベンチャーズ・コンティニュー

Spaceport

スター・ツアーズ社や他の宇宙旅行社のターミナルがある宇宙港

Exit Bridge

宇宙旅行社のターミナルがあるスペースポートと、アストロゾーンを結ぶ渡り廊下

★ Monsters, Inc. Ride & Go Seek!
モンスターズ・インク"ライド＆ゴーシーク！"

Monsters, Inc.
Ride &
Go Seek!

モンスターズ・インク
"ライド&ゴーシーク！"

"フラッシュライトかくれんぼゲーム" は夜のモンスターズ・インクと街で開催

ディズニー＆ピクサー映画『モンスターズ・インク』で活躍したサリーとマイク、そして人間の子どものブーと一緒に、ゲストがかくれんぼゲームを楽しむアトラクション。

今日は人間の女の子ブーが久しぶりにモンストロポリスにやってくる日。サリーとマイクは、ブーをよろこばせようと、モンスターズ・インクの操業時間後にかくれんぼゲームを計画。ゲストは警備用フラッシュライトが搭載されたセキュリティトラムに乗って、社内や街のあちこちに隠れているモンスターを探しに出発。見つける方法は簡単。Mマークのついたヘルメットにフラッシュライトで光を当てるだけ。当たるとMマークが点滅し、隠れているモンスターが姿を現す。映画で見たモンスターから、このアトラクションでしか会えないモンスターまでたくさん登場するのでお見逃しなく。サリーの最強のライバルでずるがしこいランドールが、かくれんぼゲームの邪魔をしようと、ブーを狙ってくるので注意しよう。

ようこそ！モンスターズ・インクへ
Lobby
ロビー

エントランスを入ると、そこは映画と同じモンスターズ・インクのロビー。会社の操業時間を過ぎているため、館内は夜間用の照明がついています。マイクの恋人で受付を担当するセリアも帰宅したようだ。

壁にはスタッフによるフラッシュライトかくれんぼゲームのポスターが貼られている

天井の模様は世界地図。ここに世界中の子ども部屋の扉がデザインされている

↑ロビー中央の床にもモンスターズ・インクのロゴが！

昼間は受付担当のセリアがいるレセプション。カウンターの上にモンスターの世界の物が

人間の子ども部屋に通じている扉から笑い声というエネルギー源を集めに向かう "TO LAUGHFLOORS（爆笑フロア）"。すでに "SCARE FLOORS（絶叫フロア）" から改名されている

サリーと人間のブーの久しぶりの再会
Simulator Room
シミュレータールーム

花柄の白い扉から人間のブーが遊びにやってきた。並んでいる黄色いタンクは笑いを集めて保存しておくためのもの。ブーは、かくれんぼゲームがはじまる前からタンクの後ろに隠れている。やる気満々だ。

Randall Boggs
ランドール・ボックス

部屋の陰でひっそりとブーを狙うランドール。網を持ってうす笑いを浮かべている

モンスターの世界と人間のブーの子ども部屋をつなぐ大切な扉は花柄のかわいいデザイン

モンスターの世界に遊びに来たブー。サリーは「明かりが消えたらはじめるよ」とやさしく言う

Boo
ブー

James P. Sullivan
ジェームズ・P・サリバン

通称サリー。モンスターズ・インクが誇る、怖がらせ屋No.1の超エリートだった。いまは方針を改め、人間の子どもの笑い声をエネルギーに変える会社の社長

Mike Wazowski
マイク・ワゾウスキ

ここは隣りあうメインパワールーム。マイクがメインパワーのレバーをオフにしたらかくれんぼゲームがスタートする

笑い声を集めている仕事場

Laugh Floors
爆笑フロア

扉が並んでいるこのフロアは、モンスターたちが子どもたちの部屋から笑い声を集めてエネルギーとしてタンクに収納する仕事場。ここでマイクにトラブルが発生!

Smitty
スミッティ

Needleman
ニードルマン

フラッシュライトでモンスターを探している途中、マイクがうっかり扉に手を挟まれた

爆笑フロアのおしゃべりな世話係。機械を止めようとするニードルマンとマイクの足を引っ張るスミッティ

かくれんぼゲームは
モンストロポリスへ

Monstropolis
モンストロポリス

かくれんぼゲームはモンスターズ・インクを出て、モンストロポリスへ。人気の「ハリーハウゼン・レストラン」があるのは東エリアだ。モンスターたちは西エリアのあちこちにも隠れている。

Celia
セリア

寿司職人がいる「ハリーハウゼン・レストラン」。マイクがイスをかたむけたので、セリアが池のなかへ落ちてしまう

Valet
ヴァレー

運転席にいるのは鋭い歯をしたヴァレー。マイクの車を駐車してくれているのかな?

マンホールのなかからブーを探しているふりをするやさしいサリー。後ろのウインドウにランドールが現れる

かくれんぼゲームに参加する気はゼロ。ブツブツ文句を言っているのは、5つの目を持つウィンチェル

Harry
ハリー

Winchell
ウィンチェル

Ted
テッド

↑映画のなかではひざ下しか見えていなかった巨大なモンスターのテッド。全身が見られるのはここだけだ
←箱からモンスターが顔を出すと、マイクの頭が電球にふれて感電を起こす!目が血走るのでチェック!

サリーが左手に持っているのは、ブー用の花柄でピンク色の特製ヘルメット

遊び疲れて眠るブー

Simulator
Room
シミュレータールーム

かくれんぼゲームを楽しんだブーは、サリーの手の上で眠ってしまったようだ。「ニャンニャン、マイク・ワゾウスキ」と寝言でつぶやく。マイクのバンソウコウにも注目。

扉が開いたらブーの部屋のなかをチェック! ブーが描いたサリーの絵が飾られている

The Happy Ride with Baymax

ベイマックスのハッピーライド

人々の心と体の健康を守る ケア・ロボットが ゲストにハッピーをお届け！

ディズニー映画『ベイマックス』をテーマにした、最高にハッピーな気分になれる回転型ライドアトラクション。このようなアトラクションがあるのは、世界でも東京ディズニーランドだけだ。ゲストは、ケア・ロボットが引っ張るビークルに乗り、ドキドキのライドを体験する。開発したのは、天才的な科学の才能を持つ14歳の少年ヒロ・ハマダ。兄が作ったケア・ロボットのベイマックスから"心の幸せこそ健康の秘訣だ"ということを学び、ゲストがハッピーになれるライドを作った。ゲストのビークルを引っ張っているのは、ベイマックスそっくりのケア・ロボット22体。ヒロお気に入りのアップテンポな曲にのり、右へ左へ、予測不能の動きでゲストをふり回す。このとき、天井に取りつけられたスキャナーから放たれる光によって、ゲストのハピネスレベルを測定。アップテンポなBGMに天井の色が変化。ゲストのハピネスレベルがグングン上昇する。

ノリノリのビートにのせてかかる曲はコレ！

♪ **B-A-Y-M-A-X** ♪
ビー・エイ・ワイ・エム・エイ・エックス

♪ **A New Angel** ♪
ア・ニュー・アングル（新しい見方）

♪ **Happy Song** ♪
ハッピー・ソング

♪ **Ba La La La La La La La La La** ♪
バララララララララ

♪ **Koo Loo Lee** ♪
クー・ルー・リー

♪ **One Sweet Ride**
ワン・スイート・ライド（クールなライド）

6曲すべてがこのアトラクションのために書き下ろされたオリジナル

ベイマックスにそっくりなケア・ロボット。ヒロがゲストのみんなに幸せで健康になってほしいという願いから開発した

待ち時間もハッピーで健康になれる工夫がいっぱい！

Baymax's Healthy Activity Guide

ゲストに、幸せで健康になってもらうため、ヒロおすすめのストレッチを紹介。ボードを見ながらヒロとベイマックスの様子をまねしよう。待ち時間にできる簡単なストレッチだ。

The Karate Body Twister

体をひねってみよう！

The Sky Tickler

思いっきり背のびしてみよう！

The Toe Toucher

つま先に手をつけてみよう！

ヒロが「ベイマックスのハッピーライド」を作った理由が書かれているので読んでみて

Message from Hiro
ヒロからのメッセージ

ベイマックス、ヒロ、ネコのモチの手形が押されたプレート。ベイマックスの手形に手をのせると、ベイマックスの大きさがわかるかも。

ベイマックスのハッピーライド

ケア・ロボットが動きはじめると、天井のスキャナーから光が放たれて、ゲストのハピネスレベルを測定する

ゲストが乗るビークルは、映画に登場したヒロのヘルメットのようなカラーとデザインになっている

↑ケア・ロボットが動くと、右へ左へ遠心力がかかって、思った以上のスリルを味わえる

Message from Baymax
ベイマックスからのメッセージ

「こんにちは。私はベイマックス。あなたの健康を守ります」「思いっきり引っ張ります。覚悟してください」などと書かれたボードが通路にある。

ベイマックスからのメッセージが頭上に。表は日本語で、裏は英語で書かれている

ケア・ロボットたちの秘密がわかる展示物

ゲストのビークルを引っ張るケア・ロボットたちのことがわかるさまざまな展示物が、通路脇に並んでいる。しっかり読めば、ヒロに負けない発明家になれるかも!?

収納ケース 大きなケア・ロボットをコンパクトに収納できるケース。同時にバッテリーの充電もできるスグレモノ。映画『ベイマックス』のワンシーンを思い出す

REPAIR STATION
ケア・ロボット 修理ステーション

空気漏れを起こしたケア・ロボットを修理するためのステーション。緊急処置用の感圧粘着テープが保管されている。ケースの側面には取り扱いの説明がある

HEALTHCARE CHIP
ヘルスケアチップ

それぞれのケア・ロボットに、ベイマックスと同じ1万通り以上の治療法がプログラミングされている。組みこまれたヘルスケアチップがコレだ

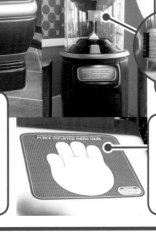

ここには、人間のハピネスに関するデータベースを更新するシステムが組みこまれている。手のひらを合わせてみよう

Stitch Encounter

スティッチ・エンカウンター

宇宙にいるスティッチと
会話できる夢の空間

宇宙にいるスティッチとおしゃべりしたり、一緒に歌ったりできる、ディズニー映画『リロ＆スティッチ』をテーマにしたシアタータイプのアトラクション。

スティッチこと「試作品626号」は、銀河連邦の科学者ジャンバ・ジュキーバ博士による違法な遺伝子実験で作られた、破壊本能を持つ小さなエイリアン。リロの家族の一員になり、物語のあともスティッチがいい子でいられるように、銀河連邦は「スティッチ・モニタリングステーション」を地球に設立し、浮遊型観察データ収集機で見守っている。ロビーでその様子を見て、「ブリーフィングルーム」で『リロ＆スティッチ』の物語をおさらいしたら、いよいよスティッチとモニターを通してご対面。話す内容はゲスト次第だが、スティッチとのおしゃべりは、シアター内に笑いと感動を誘う。スティッチの表情や仕草も見どころのひとつだ。どんな会話に発展するかは、実際に行ってからのお楽しみだ！

Stitch Monitoring Station

スティッチ・モニタリングステーション

破壊本能を持って生まれたスティッチは、リロの家族として暮らすようになって次第にいい子へと変わっている。しかし、スティッチのいい子レベルは不安定。銀河連邦は「スティッチ・モニタリングステーション」を設立することを決定した。

←ジャファーを魔法のランプまで導いた、金色の虫との出会いも

➡ジャングルでは、リロと仲良く一緒にターザンごっこ

←シロクマ親子と眺める北極の空。美しいオーロラにうっとり

↗日本では、まわしを締めて大きな力士を相手に声で威嚇？

➡アイスクリーム片手に、自由の女神のポーズでN.Y.観光？

Briefing Room

ブリーフィングルーム

スティッチに会う前に、エイリアンのスティッチがどのようにして生み出され、どんな性格で、なぜ地球に来たのか、そしてスティッチとリロの出会いなど、モニターとキャストの解説で、ディズニー映画『リロ＆スティッチ』の物語をおさらいする。

P.H.O.O.G. フーグ

「P.H.O.O.G.」は "Prototype Hovering Orbital Observation Gatherer" の略で、スティッチのモニタリングを目的に、銀河連邦の最新技術を駆使して発明された浮遊型観察データ収集機。極度環境条件に対応し、全1401機が地球を含む銀河系を浮遊している。

五感機能を搭載したGPS

ここでいうGPSとは "Galactic Placement of Stitch:スティッチ銀河位置確定" システムのこと。聴覚、嗅覚、視覚、味覚、触覚にも反応し、スティッチの感情もモニタリング。

Hearing 聴覚（聞く）
スティッチの声の波長を識別する

Smell 嗅覚（嗅ぐ）
スティッチの体臭とゲップを感知する

Sight 視覚（見る）
青いものに反応する

Front（前） **Side**（側面） **Back**（後ろ）

Taste 味覚（味わう）
スティッチの唾液と好物を感知する

Touch 触覚（触れる）
フワフワしたものに敏感に反応する

Goodness-Badness Chart
いい子・悪い子チャート

スティッチのいい子レベルはまだまだ不安定。親切にしたり、リロたちと仲良くすればいい子に、乱暴やいたずらをすれば悪い子とされる。「スティッチ・モニタリングステーション」では、この「いい子・悪い子チャート」を使って銀河連邦にスティッチの状況を定期的に報告している。

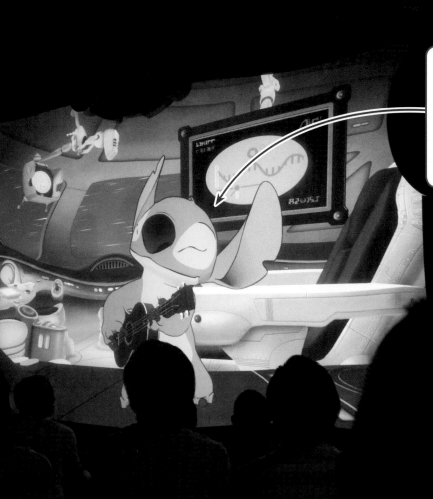

Stitch

スティッチ さわるものすべてを破壊するようにプログラムされた、手のつけられないエイリアン。スーパー頭脳の持ち主で、自分の体重の3000倍の重さを持てる力持ち。本当は6本の足を持つ

Observation Room
オブザベーションルーム

P.H.O.O.G.からの情報は、オブザベーションルームにあるコンピューターに送信される。たとえば、スティッチが宇宙船で散歩中に迷子になっても、ナビゲーション修正プログラムを遠隔で起動すれば、無事に帰れるようにもできるのだ。

Buzz Lightyear's Astro Blasters

バズ・ライトイヤーの
アストロブラスター

バズのミッションに参加して悪の帝王ザーグの野望を阻止しよう！

ディズニー＆ピクサー映画『トイ・ストーリー』シリーズに登場するバズ・ライトイヤーから緊急指令を受けて、ゲストはスペースレンジャーの一員になりミッションに参加することになった。

悪の帝王ザーグは、善良なおもちゃのバッテリーを奪い、究極の秘密兵器を作ろうと企んでいる。このままでは宇宙全体が危ない。ミッションの内容は、新人スペースレンジャーのゲストがアストロブラスター（光線銃）で敵のZマークに集中攻撃をかけること。そのすきに、グリーン部隊がバッテリーを奪い返すという作戦だ。スペースレンジャーとなったゲストはバズとともに宇宙へ出発。スペースクルーザーを操縦しながら、襲ってくるロボットをアストロブラスターで撃ち進む。見事命中すれば得点をゲット。獲得した得点によりスペースレンジャーとしてのランクが決まる。最高レベル7のアストロ・ヒーローを目指して戦おう！

Briefing Room
ブリーフィングルーム

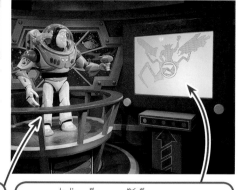

バズは銀河同盟スターコマンドに所属し、宇宙の平和を守るスペースレンジャーの一員。ゲストはバズから今回のミッションについて説明を受ける。バズの決めゼリフ、「無限の彼方へ、さあ、行くぞ！」を聞いたら出発だ！

> バズは今回のミッションを担当する指揮官。力を合わせて作戦を成功させよう

> バズが指示を出すのに役立っているのが「エッチ・ア・スケッチ」というお絵かきおもちゃ

スペースレンジャーに与えられる武器はコレ！

ゲストが乗るXP-38型スペースクルーザー（宇宙船）には、アストロブラスターのほかにさまざまな機能が搭載されている。出発する前に使い方を覚えて戦いに備えよう！

Space Cruiser
スペースクルーザー
3人まで搭乗できるXP-38型スペースクルーザー。おもちゃの世界の小型宇宙船

Score Counter
スコアカウンター
レーザー光線が標的のZマークに当たると、得点にカウントされる

Joystick
ジョイスティック
スペースクルーザーの向きを自由に変えられるレバー。360度回転も可能だ

Holster
ホルスター
アストロブラスターを収納するホルダー。ここからはずして撃つ

> 標的に命中すると、アストロブラスターは振動して銃口が赤く光る

> 上の緑の部分で標的に照準を合わせる。狙いを定めたら撃ちまくれ！

> トリガーとよばれる引き金を引くと、レーザー光線が発射される

Astro Blaster
アストロブラスター
Zマークを狙うための光線銃。1台のスペースクルーザーに2丁搭載されている。撃つとカートゥーン風のおもしろい音が鳴り、命中を知らせる音も出る

標的は全部で4種類

標的の「Z」はザーグの頭文字で、が100、が1000、が5000、が10000ポイントの4種類。ハイスコアを狙うならマークを見逃さないようにしよう。

| 100 ポイント | 1000 ポイント | 5000 ポイント | 10000 ポイント |

Robot Attack
ロボットアタック

ゲストがスペースレンジャーになって出動すると悪の帝王ザーグの主力部隊に遭遇。仲間のおもちゃたちからバッテリーを奪って、近くにいるザーグの戦艦へと運んでいる。

奪ったバッテリーを袋に入れて戦艦へ運ぼうとするロボット。Zマークを狙って阻止しよう

ギガントボットは回転する円盤形ノコギリや巨大な鉤形の手を持ち、U字形の強力な磁石を使ってバッテリーを次々と奪う

Evil Emperor Zurg
悪の帝王ザーグ

ザーグが戦艦の管制室に立ち、操縦レバーをつかみながら、巨大な機関砲でゲストを攻撃しようとしている

Planet Z
プラネットZ

ここはザーグの故郷。奪ったバッテリーを使って、ここで秘密兵器を作っているようだ。エイリアンや奇妙な形をしたおもちゃがいっぱい。動く標的が多いので、高得点が狙えそう。

←エイリアンのプレイグラウンド。モンスターのようなおもちゃがうようよ

The Final Battle
ファイナルバトル

バズとスペースレンジャーはザーグをついに追い詰めた。そこにリトルグリーンメンも参戦し決戦を挑む。バズはザーグにアストロブラスターを向けて発射！

バズはザーグと秘密兵器にアストロブラスターでレーザー光線を発射

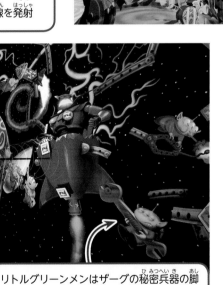

Buzz Lightyear
バズ・ライトイヤー

リトルグリーンメンはザーグの秘密兵器の脚のボルトを、レンチを使ってはずそうとする

Green Planet
グリーンプラネット

リトルグリーンメンの形をしたビルがそびえるグリーンプラネットの街。スペースクルーザーが通りかかると、ザーグを倒したお礼にたくさんのリトルグリーンメンたちが手をふってくれる。

大きなクレーンに吊り下げられ、箱のなかでジタバタするザーグ。箱には "Batteries Not Included（電池別売り）" とある

Little Green Men
リトルグリーンメン

おもちゃ屋アルのトイ・バーンのレシートに、ザーグの返品 (RETURN) 伝票を書いている

得点はステータスボードでチェック！

ミッション終了後、Zマークを撃ち落とした得点を降り口右側のステータスボードで見ることができる。レベルは1から7まである。自分がどのランクだったか確認しよう。

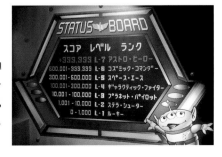

STATUS BOARD

スコア	レベル	ランク
~999,999	L-7	アストロ・ヒーロー
600,001~999,999	L-6	コズミック・コマンダー
300,001~600,000	L-5	スペース・エース
100,001~300,000	L-4	ギャラクティック・ファイター
10,001~100,000	L-3	プラネット・パイロット
1,001~10,000	L-2	ステラ・シューター
0~1,000	L-1	ルーキー

Space Mountain

スペース・マウンテン

宇宙が育んだエネルギーで
流星群が飛ぶ空間へ

ライトに照らされた巨大ドームは、未知なるエネルギーを貯えた宇宙船が発着する宇宙ステーション。天井がガラス張りのフラットなエスカレーターを上がってなかへ入ると、そこはアクア色に包まれた神秘的な搭乗エリア。これからゲストが乗るロケットのエネルギーを収集してきた宇宙船や幾何学模様の謎のエネルギーキューブをパネルで見ながらボーディングのゲートへと進んでいく。ゲストは青白いエネルギーボールが放つパワーで、無限に広がる暗黒の宇宙へ出発するのだ。体に重力を感じながらハイスピードで大気圏を抜けると、星雲や流星群が見えてくる。急上昇、急降下、急旋回をくり返しながら、スリリングな宇宙旅行を体験。このアトラクションは、NASAの宇宙飛行士のコンサルティングのもと、リアルな体感が再現されているのも大きなポイントのひとつだ。

※2024年にクローズ予定です。

外観

地上約38m、直径61mの巨大なドーム型をした真っ白い外観が印象的。夜になると、赤やブルー、グリーンなど、色とりどりに変化する。レインボーカラーになる場合もあり、近未来的な雰囲気に心がワクワクする。

↑エスカレーターを上がった先で、宇宙船が未知なるエネルギーを収集する様子が紹介されている。

エネルギー

搭乗前にあちこちで見られる未知なるエネルギー。地球には存在しないキューブ状の謎の物体が結合してパワーを発揮する。

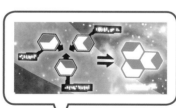

この宇宙船が収集してきた未知なるエネルギーを宇宙ステーションに充填している

エネルギー貯蔵タンク

ゲストが通るステーションの両脇の壁にあるのはエネルギー貯蔵タンク。青白く光る未知なるエネルギーが見える。

ステーション

ブルーの明かりに包まれた全長約17mの宇宙船がステーションの天井に取りつけられたクレーンと結合している。ブルーのメタリックを基調とした流線形のスタイル。

←搭乗エリアに向かう通路は宇宙船を取り囲むようにコの字に組まれている。スロープを下ったらいよいよロケットに搭乗だ

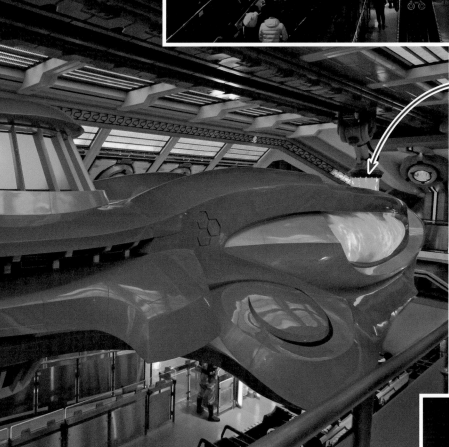

前方でも、同じくこの宇宙船が収集してきた未知なるエネルギーを宇宙ステーションに移動している

↑搭乗エリアからロケットに乗りこんだゲストは期待を胸に出発の時を待つ

➡ロケットが噴射口を青々と光らせてゆっくり動きはじめた。いよいよ宇宙へ出発
←目の前の流星群をすり抜け、暗黒の宇宙空間をハイスピードで急上昇、急降下をくり返す

Star Tours: The Adventures Continue

スター・ツアーズ:
ザ・アドベンチャーズ・コンティニュー

果てしない銀河系宇宙へ旅立つ、未体験スペース・アドベンチャー

「スター・ツアーズ:ザ・アドベンチャーズ・コンティニュー」は、ジョージ・ルーカス監督の映画『スター・ウォーズ』をヒントに考案された、銀河系宇宙を旅するエキサイティングなシミュレーター型アトラクションだ。宇宙旅行を提供するスター・ツアーズ社の最新型スペースライナー、スタースピーダー1000に乗りこんだゲストをスリリングで予測不能な冒険の旅へと案内してくれる。そのシナリオはなんと60通り以上。『スター・ウォーズ』全9作品のキャラクターとシーン、名場面をランダムに組み合わせることによって、楽しめるストーリーになっている。あるときは「氷の惑星ホス」へ、あるときは「惑星ナブーの水中都市」へ、またあるときは「砂漠の惑星タトゥイーン」でポッドレースに参戦するなど。出かけるたびに行き先が異なるため、毎回新鮮な宇宙旅行を体験できるのだ。

搭乗前から見どころがたくさん ここは宇宙へ向かうターミナル

Spaceport Arrival Hall
スペースポート・アライバルホール

ここは巨大スクリーンに美しい観光地の映像が流れる宇宙港のロビー。頭上にはサカル (SACUL) 工業グループが誇るスタースピーダー1000の試作モデルを展示している。『スター・ウォーズ』のさまざまな世界観に触れることができる。

看板の後方に立つ尖塔は、照明の効果によってライトセーバーをイメージさせる演出が。ここは日没後に見るのがおすすめ

「スター・ツアーズ」の看板に注目。星が輝いたり、流星群が現れたり……。日が暮れるとその映像がはっきりと見える

巨大スクリーンには『スター・ウォーズ』の象徴的な音楽とともに6つの宇宙旅行社の広告映像や、利用者のためのスペースポート内の各種案内、そして"反乱軍のスパイを見かけたら通報せよ"とうながす帝国軍の映像が流れる

Starspeeder 1000
スタースピーダー1000

サカル工業グループの新作として展示するスタースピーダー1000の試作モデル。SACULを逆さまにつづると、映画『スター・ウォーズ』の監督ジョージ・ルーカス (LUCAS) のラストネームになる

空港さながらの演出で 宇宙旅行の気分が盛り上がる

Star Tours Concourse
スター・ツアーズ・コンコース

目の前にはこれから出発しようとしているスタースピーダー1000の整備を行うC-3POやR2-D2の姿が。ステータスボードではゲストがこれから向かう惑星の天候の最新情報、ライブ映像による交通情報、到着便と出発便の最新情報が案内される。

フライトに使う機体を整備するC-3PO。おしゃべりがすぎるが笑えるトークは聞く価値あり

R2-D2がフライトの準備のためにスタースピーダー1000の点検作業を急ピッチで行っている

C-3PO

R2-D2

**セキュリティチェックのエリアでは
2体のダメなドロイドが作業中**

Security Area
セキュリティエリア

手荷物チェックやボディチェックを行っているドロイドたちは、個性的な連中ばかり。仕事は適当だが、おしゃべりは達者。仕草を見たり会話を聞くだけでもゆかいだが、モニター画像も要チェック。乗客が持ちこんだディズニーキャラクターのおもちゃや『スター・ウォーズ』関連グッズが映る。

G2-9T

↑このドロイドたちは、ヒッチハイクで旅行をしようとしている!?　どこかの亡霊たちにそっくり

モニターには検査されるさまざまな荷物の中身が映し出される。一般客のドロイドが持ちこむ荷物はユニークなものばかり

G2-4T

←ただいまボディチェック中。モニターに禁制品が映りこんだようだ。フォークとナイフ？
➡『スター・ウォーズ』に登場するキャラクターのシルエットが曇りガラスに映ることもある

スキャン装置を使って、搭乗者が持ちこむ禁制品を厳しくチェックするG2-4T。ゲストを疑いの目で見ている

Star Tours Gates
スター・ツアーズ搭乗口

フライトグラスを持ってキャビンへ。ここからスタースピーダー1000の1401便に搭乗する。

Cabin
キャビン

ゲストの乗った宇宙船には、反乱軍のリーダーがもぐりこませたスパイが粉れていたようだ。

ADMIRAL ACKBAR
アクバー提督

スタースピーダー1000の向かい側にはコンコースを見下ろす管制塔がある。アクバー提督がフライトのオペレーションや点検作業を監視している

フライト情報が随時掲示されるステータスボード。広報担当のアリー・サン・サンが登場する

フォースを使って反乱軍を特定したよう。帝国軍のダース・ベイダーが離陸を阻止しようとしている

ダース・ベイダーの手下ストームトルーパーの大群がブラスター銃を構えて狙っている

Stomtrooper
ストームトルーパー

Darth Vader
ダース・ベイダー

「スター・ツアーズ:ザ・アドベンチャーズ・コンティニュー」用語辞典 A to Z

「スター・ツアーズ:ザ・アドベンチャーズ・コンティニュー」の魅力はハラハラドキドキする宇宙旅行だけではない。映画『スター・ウォーズ』シリーズに登場するキャラクターはもちろん、このアトラクションだけのオリジナルキャラクター、惑星の特徴やドロイドの役割など、ターミナルを構成する情報がたくさんある。乗る前からもっと楽しめるように、気になるワードをA to Zで紹介しよう。きっと並ぶのが楽しくなるはずだ。

A

AC-38
AC-38

スタースピーダー1000を操縦するパイロット・ドロイド。AC-38はもっとも優秀なドロイドであるクラス3の称号を持ちながら気さくな性格で、"エース"の愛称で親しまれている

ADMIRAL ACKBAR
アクバー提督

海の惑星モン・カラの出身。勇敢な反乱同盟軍のベテラン司令官を務める

AIR ALDERAAN
エア・オルデラン

惑星「コルサント」に行くのにおすすめの宇宙旅行社。優雅でゴージャスな旅を希望している旅行者には、「エア・オルデラン」がぴったり。日常から遠く離れた世界へ案内してくれる

ALY SAN SAN
アリー・サン・サン

スター・ツアーズ社で働くエネルギッシュな広報担当ドロイド。銀河系宇宙の宣伝を担当し、旅行に出発するゲストに搭乗案内をする

ARRIVAL HALL
アライバルホール

ゲストが最初に入る宇宙港のロビーのこと。手荷物受取所やセキュリティエリア、インフォメーションセンターの場所を示す標識と一緒に、複数の宇宙旅行社のターミナル標識が見られる。壁一面の巨大スクリーンにはその宇宙旅行社のCM映像が流れている。「エア・オルデラン」「タトゥイーン・トランジット」「ダントゥイーン・エクスプレス」「ベスピン・ダイレクト」「ナブー・スペースライン」そして「スター・ツアーズ」の広告だ。その向かい側の上方にはスタースピーダー1000の試作モデルが展示されている

B

BESPIN DIRECT
ベスピン・ダイレクト

惑星「ホス」へ行きたいけど、乗り継ぎがちょっと……、という方におすすめの宇宙旅行社。とても便利な、乗り継ぎなしの直行便で行くツアーに参加できる

C

CABIN
キャビン

スタースピーダー1000の船室のこと。搭乗口に横づけされていて、扉が開くと搭乗を開始する

C-3PO
C-3PO

スター・ツアーズ社でシステム・アナリストとして活躍するドロイド。宇宙言語に堪能で600万語以上を話すスペシャリストでもある。なにが起こるかわからない銀河系宇宙旅行が嫌いなのに、スタースピーダー1000のパイロットになってしまう!?

CORUSCANT
コルサント

巨大都市惑星。光り輝く眠らない都市で、レジャースポットが多い。超高層ビルが建ち並び、夜景を満喫したあとは、クラブ地区でオペラやパーティーを夜通し楽しむことができる

D

DANTOOINE EXPRESS
ダントゥイーン・エクスプレス

アドベンチャーを求めるなら、この宇宙旅行社がおすすめ。ツアーはどれも冒険心をくすぐる内容ばかり。冒険三昧の旅行へ出かけよう

DARTH VADER
ダース・ベイダー

銀河系宇宙の支配を企てる邪悪な帝国軍のNo.2。ときどき、不気味な呼吸音を立てながら、ストームトルーパーとともにスタースピーダー1000に紛れ込んだ反乱軍のスパイを探している

DEATH STAR
デス・スター

銀河帝国によって建設された巨大な宇宙ステーション。一撃で惑星すら破壊してしまう超兵器のスーパーレーザーを搭載した衛星大の戦闘要塞

DROID
ドロイド

銀河系宇宙の住人のために作られたロボットやアンドロイドなどの人工生物の総称。安全で快適な旅を楽しんでもらうために働くスター・ツアーズの社員たちも該当する

F

FLIGHT GLASSES
フライトグラス

銀河系宇宙旅行の必需品。搭乗するゲストに配っている。目が5つ以上ある方は、料金が発生する場合があるそう!?

G

G2-4T
G2-4T

スキャン装置を使って搭乗者のボディチェックをするドロイド。ブラスター銃(光線銃)やライトセーバーなどの禁制品をチェックするため、旅行者を疑り深く監視する

G2-9T
G2-9T

手荷物チェックを担当するドロイド。気さくで仕事熱心だが、注意散漫なところが玉にきず。ついついおしゃべりに夢中になって、禁制品を見逃してしまうこともあるうっかり者

H

HITCHHIKING DROIDS
ヒッチハイク・ドロイド

宇宙旅行にドロイドを同行させるさいに届け出る税関で、FN-87、EZ-89、RX

-92がヒッチハイクをしている。「ホーンテッドマンション」の亡霊に似たオマージュだ。それぞれの数字は世界のパークで「スター・ツアーズ」がオープンした年を表している。カリフォルニアのディズニーランドは1987年、東京ディズニーランドとフロリダのディズニー・ハリウッド・スタジオは1989年、ディズニーランド・パリは1992年にオープン

HOTH
ホス

神秘的な雪景色が広がる氷の惑星。スノーリゾートを存分に楽しみたいゲストにはうってつけの観光地。運がよければ、「ホス」ならではの珍しい生き物を見ることができる

I

IC-360
IC-360

スタースピーダー1000に搭載された高性能カメラ・ドロイド。迫力満点の銀河の景色を、旅行者はモニターを通して安全に見ることができる

K

KASHYYYK
キャッシーク

太古の自然が広がる森林に覆われた惑星。見たことのないような景色が旅行者の冒険心に火をつける。気分爽快なひとときを過ごせそうだ

L

LEIA ORGANA
レイア・オーガナ

惑星オルデランの王女であり、帝国軍元老院の最年少議員で、ブラスター銃など武器の扱いにも長けている。彼女が反乱軍のスパイ活動に加担している疑いがあると帝国軍は見ている

LIGHT SPEED
ライトスピード

宇宙空間を光と等しいスピードで移動する航法のこと。一挙に目的地へ向かうことができる

M

MOON OF ENDOR
ムーン・オブ・エンドア

知性を持った毛むくじゃらの二足歩行動物、イウォークたちが暮らすのどかな惑星。夜は巨木の上に作られたイウォークの村で、満天の星の下で過ごすことができる

MOUSE DROID
マウスドロイド

宇宙船の発着場でうろちょろしているネズミのようなドロイド。あまり賢くプログラミングされていないため、残念なことにたくさんの業務をこなすことができない

N

NABOO
ナブー

極上の時間を過ごせる、自然豊かな惑星。美しい歴史的建造物が建ち並び、運がよければ、選出されたばかりの女王に会えるかも。かつて秘境だった水中都市へも足をのばしてみよう

O

OBI-WAN KENOBI
オビ＝ワン・ケノービ

ジェダイの騎士であり、ライトセーバーやフォースを使用するジェダイ・マスター。ライトセーバーの戦闘技術は目を見張るものがある達人。また、フォースの力で人の心を操る技の持ち主でもある。「フォースとともにあらんことを」は、映画のなかで彼が生涯にわたって使っていた決めゼリフ

P

PIT DROID
ピット・ドロイド

小型の修理ドロイド。作業に応じて二足歩行も可能だ。鼻をたたくと休眠モードに移行して保管できる

R

RX-24
RX-24

リニューアル前の「スター・ツアーズ」では、スタースピーダー3000で新米パイロットを務めていた。「スター・ツアーズ：ザ・アドベンチャーズ・コンティニュー」

の時代設定は、リニューアル前よりも過去にさかのぼるため、実力は新米以前の問題。ここでは不良品と判断され、再プログラミングのために工場に返却されるところだ。「！DEFECTIVE！」と貼られたステッカーは不良品を意味する

R2-D2
R2-D2

宇宙船の予期せぬトラブルにもすぐに対応する優秀なアストロメク・ドロイド。いわば宇宙船整備のスペシャリスト。しかし血気盛んで思いがけない行動に出ることもある。パートナーは苦楽をともにしたC-3PO。また、セキュリティエリアで箱から出ている赤いアストロメク・ドロイドを見ることもできる。

S

SECURITY AREA
セキュリティエリア

手荷物チェックやボディチェックなどをする場所。手荷物チェックを担当しているドロイドはG2-9Tで、ボディチェックを担当しているドロイドは、旅行者を疑いの目で見るG2-4T。うっかり者のG2-9Tはブラスター銃をヘアドライヤーとまちがえたり、ミッキーマウスの帽子をパラボラアンテナとまちがえたりしてしまうことがあるようだ

SIGNAL DROID
シグナル・ドロイド

宇宙船の離着陸時、誘導に用いられるドロイド。そのさいトラブルに巻きこまれることもしばしばだ

SPACE PORT
スペースポート

アトラクションの建物全体のこと。ここは宇宙旅行へ出発するためのターミナルビルのこと

STAR SPEEDER1000
スタースピーダー1000

外的ダメージから乗客を守る頑丈なボディで、定刻通り目的地までフライトを行う自動操縦システム、前面からの物理的な衝撃を防ぐブラストシールド、小惑星を破壊し安全な航路を開くレーザー

砲、ライトスピードを可能にする高性能ILMエンジンを搭載した新型宇宙船

STAR TOURS CONCOURSE
スター・ツアーズ・コンコース

ステータスボードがあるコンコースには、スタースピーダー1000の機体を整備するR2-D2とC-3POがいる。その上部には管制塔があり、アクバー提督が点検作業の監視をしている

STAR TOURS GATES
スター・ツアーズ搭乗口

スター・ツアーズのスタースピーダー1000に乗る搭乗口だ。搭乗口のサインの先に1から6まで6つのゲートが並んでいる。モニターには搭乗の注意事項が流れるのでチェックしよう

STATUS BOAD
ステータスボード

旅行者が安全で時間通りに目的地に到着することを保証する情報が流れている。また、ライブ映像によるスペースポート周辺の交通情報、搭乗口の案内や到着便と出発便の最新情報もアナウンスされる

STORMTROOPER
ストームトルーパー

ダース・ベイダーの手下。全身を白いアーマーで装備し、ブラスター銃を片手に、スタースピーダー1000に乗船している反乱軍のスパイを探している

TATOOINE
タトゥーイン

太陽がまぶしい砂漠の惑星。灼熱の砂漠を駆け抜けるポッドレースに参戦することができる。スリリングなレースで興奮したあとは、銀河の無法者たちが集まる酒場へ。旅の締めくくりは、2つの太陽が作り出す、銀河でいちばん美しいといわれる夕景を見に行こう

TATOOINE TRANSIT
タトゥーイン・トランジット

感動的な体験ツアーを得意とする宇宙旅行社。無限の彼方へ毎日運航！

Y

YAVIN4
ヤヴィン4

惑星「ヤヴィン」の第四衛星。歴史が息づくこの衛星では、神殿や古代遺跡などの文化的建造物を多く見ることができる。緑も豊かなこの星でノスタルジーにあふれたバケーションを楽しもう

YODA
ヨーダ

最高位に君臨するジェダイ・マスター。推定900歳で緑色の肌が特徴。ジェダイの騎士のなかでも、もっとも強いフォース（FORCE）を操り、銀河系唯一の存在であるグランド・マスターの称号を持つ。

※フォースとは映画『スター・ウォーズ』シリーズに登場するエネルギー体で、すぐれた感知者だけが使用できる超常的な能力のこと

スペースポートのアライバルホールで見かける謎の文字、あれは一体なに？

スペースポートのアライバルホールで見かける、あの謎の宇宙文字、"なんて読むのだろう？"って疑問に思ったことはありませんか？　それは、映画『スター・ウォーズ』シリーズに登場する銀河標準語で、別名ジェダイ文字。オーラベッシュという名称でフォントもある。建物に入ってすぐ、施設案内の標識で目にすることができる。これが読めたら、さらに楽しめるにちがいない。

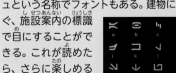

Tokyo Disneyland Character Pictorial

東京ディズニーランドキャラクター図鑑

ディズニーの仲間たちが、パークのあちこちに登場してゲストにごあいさつ！
東京ディズニーランドで会えるかもしれないディズニーキャラクターを紹介しよう。

☆マークはデビュー作品

Mickey Mouse
ミッキーマウス

世界中の誰からも愛されている人気者
★1928年『蒸気船ウィリー』

Minnie Mouse
ミニーマウス

おしゃれが大好きなミッキーマウスのガールフレンド
★1928年『蒸気船ウィリー』

Pluto
プルート

ミッキーの愛犬 ★1930年『ミッキーの陽気な囚人』でブラッドハウンド犬としてデビュー

Donald Duck
ドナルドダック

短気で負けず嫌いで自己中心的。でもどこか憎めない人気者
★1934年『かしこいメンドリ』

Daisy Duck
デイジーダック

ドナルドダックが夢中な女の子 ★1937年『ドナルドのメキシカン・ドライブ』

Goofy
グーフィー

のんびり屋さん ★1932年『ミッキー一座』で見物客のディピー・ダウグとしてデビュー

Chip 'n Dale
チップとデール

黒い鼻と1本歯がチップ。赤い鼻と2本歯がデール ★1943年『プルートの二等兵』

Max
マックス

ダンスファッションが似合うグーフィーの息子 ★1992年『パパはグーフィー』で人気者に

Clarice
クラリス

ナイトクラブの歌姫。チップとデールのマドンナ ★1952年『リス君は歌姫がお好き』

Scrooge McDuck
スクルージ・マクダック

ドナルドのおじさん。倹約家で有名な大富豪 ★1967年『スクルージ・マクダックとお金』

Jose Carioca
ホセ・キャリオカ

南米に住む陽気なオウム。ドナルドの古き良き友だち ★1943年『ラテン・アメリカの旅』

Panchito
パンチート

南米に住むオンドリ。ホセともにドナルドの友だち ★1945年『三人の騎士』

Horace Horsecollar
ホーレス・ホースカラー

帽子をかぶり、首の周りに大きな襟飾りをつけている ★1929年『ミッキーの畑仕事』

Clarabelle Cow
クララベル・カウ

ミニーの古くからの友だち。首にカウ・ベルをつけている
★1929年『ミッキーの畑仕事』

**Woody/
Buzz Lightyear**
ウッディ、バズ・ライトイヤー

ウッディはおもちゃのカウボーイ。バズは宇宙飛行士
★1995年『トイ・ストーリー』

人間のモーグリをとりまく気のいいジャングルの仲間たち。人間になりたいキング・ルーイと手下のモンキー、陽気なクマのバルー
★1967年『ジャングル・ブック』

King Louie/Monkeys/Baloo
キング・ルーイ、モンキー、バルー

Stitch
スティッチ

スティッチはエイリアン→P117
★2002年『リロ＆スティッチ』

Angel
エンジェル

悪の天才科学者ジャンバによって作られた試作品624号 ★テレビシリーズ第24話に登場

Marie
マリー

真っ白く美しい毛並みとピンク色のリボンが特徴の子ネコ
★1970年『おしゃれキャット』

Toulouse
トゥールーズ

画家になることを夢見るマリーの兄弟。絵を描くのが得意 ★1970年『おしゃれキャット』

Berlioz
ベルリオーズ

ブルーの目が美しい、マリーの兄弟で作曲家を夢見ている ★1970年『おしゃれキャット』

Miss Bunny
ミス・バニー

長いまつげと耳につけた花がチャームポイントのかわいいウサギ ★1942年『バンビ』

Thumper
サンパー

後ろ足で地面をトントンたたくクセがあるウサギ ★1942年『バンビ』

Big Bad Wolf
ビッグ・バッド・ウルフ

鋭い目に長い舌を持つオオカミ。子ぶたを狙うも失敗ばかり ★1933年『三匹の子ぶた』

Fifer Pig/Fiddler Pig/Practical Pig
ファイファー、フィドラー、プラクティカル

なまけ者のファイファーは3兄弟の長男、バイオリンが得意な次男のフィドラー、兄たちをオオカミから守るしっかり者の末っ子のプラクティカル ★1933年『三匹の子ぶた』

Captain Hook
フック船長

ピーターパンのせいで左腕を失い憎しみをいだく海賊船の船長 ★1953年『ピーター・パン』

Mad Hatter / Alice / White Rabbit
マッドハッター、アリス、ホワイトラビット

なんでもない日を祝ってお茶会を開くマッドハッター、好奇心旺盛な女の子アリス、いつも時間を気にして走る白ウサギのホワイトラビット ★1951年『ふしぎの国のアリス』

Peter Pan
ピーターパン

自由に空を飛ぶことができる、ネバーランドに暮らす少年 ★1953年『ピーター・パン』

Wendy
ウェンディ

空飛ぶピーターパンの存在を信じ、弟たちに話を聞かせる女の子 ★1953年『ピーター・パン』

Mr. Smee
ミスター・スミー

一等航海士でフック船長のためにせっせと働くお人好しの海賊 ★1953年『ピーター・パン』

Foulfellow/Gideon/Pinocchio/Geppetto/Jiminy Cricket
ファウルフェロー、ギデオン、ピノキオ、ゼペット、ジミニークリケット

ピノキオを誘惑するファウルフェローとギデオン。ゼペットはピノキオを作ったおじいさん。ジミニークリケットはピノキオの良心役 ★1940年『ピノキオ』

Winnie the Pooh
プーさん

のんびり屋ではちみつが大好きなクマのぬいぐるみ ★1966年『プーさんとはちみつ』

Tigger
ティガー

元気なトラのぬいぐるみ。ぴょんぴょん跳ねるのが大好き ★1966年『プーさんとはちみつ』

Eeyore
イーヨー

しっぽのリボンがキュートな、ロバのぬいぐるみ ★1966年『プーさんとはちみつ』

Piglet
ピグレット

とってもやさしくて怖がりな小さなブタのぬいぐるみ ★1966年『プーさんとはちみつ』

もっと知りたい！

東京ディズニーランド くわしすぎる大図鑑

2023年6月28日　第1刷発行
2023年8月28日　第3刷発行

編　　　　　　　講談社
構成・取材・文　梅澤眞己枝（ウランティア）
装丁・本文レイアウト　横山よしみ
写真　　　　　　講談社写真部
写真協力　　　　月刊「ディズニーファン」編集部
取材協力　　　　株式会社オリエンタルランド

発行者　　森田浩章
発行所　　株式会社　講談社
　　　　　〒112-8001
　　　　　東京都文京区音羽2-12-21
　　　　　編集 ☎03-5395-3142
　　　　　販売 ☎03-5395-3625
　　　　　業務 ☎03-5395-3615
印刷所　　大日本印刷株式会社
製本所　　大口製本印刷株式会社

落丁本、乱丁本は購入書店名を明記のうえ、小社業務あてにお送りください。送料は小社
負担でおとりかえいたします。この本の内容についてのお問い合わせは、海外キャラク
ター編集あてにお願いいたします。本書のコピー、スキャン、デジタル化等の無断複製は
著作権法上での例外を除き禁じられています。本書を代行業者等の第三者に依頼してス
キャンやデジタル化することはたとえ個人や家庭内の利用でも著作権法違反です。

ISBN978-4-06-531208-7
N.D.C.689　127p　26cm
Printed in Japan
定価はカバーに表示してあります。

KODANSHA